本书由教育部哲学社会科学研究重大课题攻关项目
“中国社会转型中的政府治理模式研究”(08JZD0018)资助

·东北大学公共管理博士文库·

困境、重构与突破：中国治理转型的模式研究

Research on the Process and Pattern of Governance Transformation in China

耿国阶　著

By GENG Guojie

东北大学出版社

·沈　阳·

图书在版编目（CIP）数据

困境、重构与突破：中国治理转型的模式研究 / 耿国阶著. — 沈阳 ：东北大学出版社，2014.8（2025.4重印）
ISBN 978-7-5517-0754-1

Ⅰ.①困… Ⅱ.①耿 … Ⅲ.①社会管理—研究模式—研究—中国
Ⅳ.①D63

中国版本图书馆 CIP 数据核字（2014）第 185957 号

出 版 者：东北大学出版社
地址：沈阳市和平区文化路 3 号巷 11 号
邮编：110004
电话：024—83687331（市场部） 83680267（社务室）
传真：024—83680180（市场部） 83680265（社务室）
E-mail：neuph @ neupress.com
http：//www.neupress.com
印 刷 者：三河市天润建兴印务有限公司
发 行 者：东北大学出版社
幅面尺寸：170mm × 228mm
印　　张：12.25
字　　数：184 千字
出版时间：2014 年 9 月第 1 版
印刷时间：2025 年 4 月第 3 次印刷
责任编辑：孙　锋　李　鸥　　封面设计：唯　美
责任校对：刘　璇　　责任出版：唐敏智

ISBN 978-7-5517-0754-1　　定　价：36.00 元

总　序

作为东北大学公共管理学科建设与研究的重要成果，"公共管理博士文库"在多方努力下终于付梓出版了。在这批著作面世之际，回顾东北大学公共管理学科的发展历程，不禁心生感慨。

东北大学公共管理学科始建于1988年。建设伊始，本学科就确立了"立足理工基础，办有理工特色的社会主义新文科"的发展战略。二十多年来，我本人和公共管理系的诸位同事对教学科研及人才培养倾注了大量心血，取得了一定的成绩，走出了一条以学科建设为主线，科研与教学互促增长的跨越式发展道路。自2003年设立行政管理博士学位授权点，尤其是2005年设立公共管理一级学科博士点以来，我们先后获得国家精品课、国家教学成果一等奖等多项国家级教学奖励，以及几十项国家、省、市科研课题，出现了一大批理论与应用性成果。这一过程充满了苦辣艰辛，也充满了奋斗的激情和喜悦。

东北大学公共管理学科博士生的培养是以1994年科学技术哲学博士学位授权点为基础设立的科技政策研究方向为开端的，因此本学科的第一批博士著作主要集中收录于2004年启动的"科技政策博士文库"。近五年来，东北大学公共管理学科发展迅速，变化日新月异。为更好地体现本学科的理论创新，我们决定启动"公共管理博士文库"的建设工程。出版这个文库的目的，一方面是为了保存和交流研究成果，经受社会检验，鼓励学术研究；另一方面也是为了促进博士生教育的制度化，组织学术队伍，推进学科建设。该文库既注重公共管理研究的学术性，诠释分析复杂的公共管理问题，又强调结合公共管理实务，为政府提供可能的政策建议。

进入21世纪以来，中国的公共管理研究承载着前所未有的历史重任。在此重大社会转型期，党和人民期望我国的公共管理理论研究能够为我国的政府改革、公共服务体系建设以及国家现代化建设提供科学的管理理念、思想和方法。这要求我们本着高度的政治责任感和严谨的学术态度去谦逊地投身实际，深入探索、研究及解决错综复杂的实际问题，要求我们根据复杂的公共管理实践开发更为复杂且更为实际有效的公共管理理论。改革开放三十年来，西方大量公共管理理论被引入到中国，极大地促进了我国公共管理学科的高速发展，但同时必须认识到西方国家的政治体制、社会结构、公民社会成熟度等公共管理环境与我国存在着巨大差别。因此，必须注重西方理论在引入过程中的批判性和选择性，必须尽快实现公共管理理论的本土化建构，这是摆在全国学术同仁和学子面前亟待解决的重大问题。在这一艰巨的历史重任面前，东北大学公共管理系全体同仁将勇于担当、满腔热情并全力以赴，但我们只是对现在能否做得更好而心怀忐忑。

东北大学“公共管理博士文库”的出版是我校公共管理学

科建设与研究历程中的一件大事，是导师与博士生们多年辛勤工作、笔耕不辍的一次成果展示。毫无疑问，这些研究成果仅仅是刚刚经过初步雕琢的璞玉，一定会存在不少缺点和不完善的地方，每一本书的著作者限于知识结构和对问题理解深度的局限性，所提出的一些理论观点都值得进一步商榷。但是，正因为有问题、有缺点，才会激发后来者继续为之努力。聚沙成塔，集腋成裘。我们深信，东北大学公共管理研究的明天会更美好，我们所出版的文库著作的质量和水平也会逐步提高。

我们还要感谢东北大学出版社的领导和编辑们对出版“公共管理博士文库”的大力支持和辛苦工作，同时也恳请各位学界同仁不吝赐教，多提宝贵意见。

娄成武

2009年12月于沈阳南湖

摘 要

改革开放以来，我国逐步实现了由传统治理向现代治理的转变，过去30年多的治理转型已经取得了巨大的成绩，主要体现为五个方面：从一元治理到多元治理；从集权到分权；从人治到法治；从管制型政府到服务型政府；从党内民主到社会民主。成绩固然不容忽视，但基于中国社会进一步发展的现实需要，继续推进传统治理向现代治理的转变，并实现某种形式的治理转型突破已成为时代发展的迫切任务。

中国30年的治理转型虽然取得了巨大成绩，但仍然面临一系列深层次问题：官—民两极治理结构在一定程度上的强化和制度性紧张；党的转型与宪政发展之间的内在制度性紧张逐渐凸显；权力—权力、权力—权利、权利—权利之间基本制度安排不合理的问题日益突出；非制度化博弈在低层次徘徊；地方庇护网政治、既得利益政治、结构性腐败、权力—资本的非良性联姻等政治肿瘤尾大难掉；治理转型战略选择上长期合理性与短期合理性处于两难。现阶段的两极治理模式不仅不利于解决上述深层次问题，而且其本身就是上述深层次问题产生的主要根源。不仅如此，中国30年治理转型所遵循的“技术性渐进变革模式”已经日渐凸显其局限性，难以有效解决上述深层次问题。而学术界诸多治理转型模式的设计，或者偏离“党的领导、人民当家作主与依法治国有机统一”的基本原则，或者未实现我国国情与现代治理基本价值创造性的结合，或者不具有理论彻底性和实践可行性，均难以满足指导治理转型实践的需要。

为了寻求一个理想的治理转型模式，本书从纵向和横向两个维度分析了中国深化治理转型所立足的基础情境：纵向上，传统治理向现代治理的演变是潮流所系，大势所趋；横向上，多层面的贫困并存和交织。整体上，中国深化治理变革的基础情境并不很理想，因而对治理变革的模式提出了更高的要求。随后，本书界定并分析了中国实现治理转型突破的关键问题，即党的现代转型与宪政发展的良性互动。沿袭“全能型政党”建设的思路难以实现两者的良性互动，政党多元化的思路既不现实也不合理。本书在“全能型政党”建设和政党多元化两种思路之外，提出了第三种思路：执政党的现代转型及其合法性重构，并认为党的现代转型与宪政发展之间良性互动的发展是完全可能的。

本书对中国治理转型的模式进行了重构，提出应该扬弃“官(政党—政府)—民（社会)”两极治理模式，抛弃治理转型的“技术性渐进变革模式”，建立“政党治理—政府治理—社会治理”三极互动的治理模式，政党、政府与社会三极良性互动既是治理转型的路径，也是理想的现代治理状态；与此相应，中国共产党应该实现由“全能型政党”向“功能型政党”的现代转变。唯此，才能够促进政党彻底转型，实现政党权威在治理转型过程中以及在现代治理结构中的合法性重构，较好的保证治理转型过程的有序性和结果的彻底性，并最终实现传统治理向现代治理的质的飞跃。

Abstract

Since the reform & opening up policy was implemented, our country has gradually transformed from traditional governance to modern governance. We have achieved great progress in this direction, which includes five aspects: from unitary governance to pluralistic governance, from centralization to decentralization, from rule by men to rule of law, from regulation government to service government, from intra-party democracy to social democracy. Success is great, but for further progress of Chinese society, we should advance the transformation process from traditional governance to modern governance further, and at this time some kind of major breakthrough is needed to challenge us to press on in this direction.

With the "party governance—civil society governance" analysis frame, this book reviews the governance transformation history from 1978 systematically and analyzes the present governance pattern and the transformation pattern inherent in the past 30 years. The author argues that we have made substantial success, but we are still being haunted by some engrained problems which include: the substantial intensification of "the bipolar governance structure of bureaucracy vs. civilian" with increasing conflicts; the deepening structure intension between the transition of CCP and the development of rule of constitution in China; the inner institutional relation's tension of power vs. power, power vs. rights, rights vs. rights; the low-level interaction and repetition of non-institutional game practices; the local patronage politics, structural corruption, the political influence of vested interest and the distorted combination between power and capital which gradually become a cancer of the healthy transformation process. At last, it is difficult to balance between long - term rationality and short - term rationality in governance transformation strategy. These problems wrest with each other and contribute to the dilemma of present day governance transformation. Contemporary bipolar governance pattern (bureaucracy vs. civilian) cannot solve the dilemma fundamentally, on the contrary, it contributes these problems and the dilemma chiefly. Furthermore, the transformation pattern inherent in the past 30 years is so limited that it cannot meet the requirements of time and resolve these difficult problems effectively. And there are some oriented mistakes in the alternative patterns of governance transformation which were designed by scholars which include: to stray away from the fundamental principle of governance transformation, which is fixed as "the organic combination among leadership of CCP, popular sovereignty and rule of law"; deviation of the fundamental circumstances of our country or deviation of the essential value of modern governance, lack of creative combination of both; lack of theoretical insight or lack of practical feasibility; so, they cannot meet the essential requirements of future governance transformation.

In order to find a proper pattern, this book analyzes the fundamental circumstances of China's governance transformation, and the author argues that China will transform from traditional governance to modern governance inevitably as a historical trend, but the fundamental circumstances of China doom the process of governance transformation, which will be complicated and formidable. Subsequently, this book ascertains and analyzes the core problem that obsesses the long-term governance transformation of China. The author argues that the core problem is how to deal with the relation between transition of CCP and the development of rule of constitution in China. The author does not argue that if CCP insists the totalitarian party building route , the creative combination and well-orientated interaction of both will beimpossible and pluralistic party politics route has enough rationality nor has practical feasibility at present China. The author puts forward the third choice: transforming the leadership of CCP, and he argues that the creative combination and well-orientated interaction of both will be possible.

Finally, this book restructures the pattern of governance transformation in China. The author suggests that we should transform the bipolar governance pattern (bureaucracy vs. civilian) into tripolar governance pattern (bureaucracy vs. civilian, and CCP as the intermediary), and desert the traditional transformation pattern inherent in the past 30 years. Well interaction among bureaucracy, civilian society and CCP is the governance transformation route and the ultimate modern governance pattern. Accordingly, CCP should transform from an unlimited totalitarian party into a limited functional party. By that, we can advance the complete transition of CCP, remake the authority legitimacy of CCP both in the transformation process and in the ultimate modern governance structure, make sure the orderly transformation process and the achievement of our ultimate pursuit, and realize the real transformation from traditional governance to modern governance.

目　录

第1章 绪 论

1.1 选题背景

1.1.1 治理的主体、客体、环境、需求发生了深刻变迁

1978年以来，党的改革开放政策推动了我国的经济社会转型：计划经济转向市场经济；农业社会转向工业社会；封闭社会转向开放社会。伴随着这种多层次、多维度的社会转型，社会经济成分、组织形式、利益关系和分配方式呈现多元化态势，我国的治理主体、客体、环境、需求也发生了同样深刻而广泛的变迁。集中体现为以下四个方面。

第一，治理主体方面。政党①、政府、人民代表大会作为公共权威发生了深刻变化[1]，大量第三部门组织出现在治理的舞台上并发挥着日益重要的作用[2-3]，政党与政府—人民代表大会、社会的关系调整已取得巨大进步，政党面对新形势的政策弹性和执政能力得到较大改善，但政党与政府—人民代表大会、社会的结构性关系并未发生根本性改变。治理主体之间不尽合理的结构性关系在维持社会稳定过程中发挥作用的同时，也成为诸多治理难题产生的根源。

第二，治理客体方面。一方面，治理需要解决的问题和矛盾发生了深刻变化。1978年以来30多年的改革和发展，既是经济持续发展繁荣的过程，也是问题和矛盾不断积累的过程；“财富积聚成为所有人的共识，也成为一切其他社会矛盾积聚的原

① 如无特别说明，本书所称的“政党”均特指中国共产党。

因。在某种程度上，当今中国社会的非经济因素——政治、道德、文化、教育，已经成为制约、腐蚀、扭曲、阻碍经济健康发展的重要因素，在试图建设一个和谐社会的时候，我们所缺少的不是费用，而是人们的和谐观念、大量的人才和基础社会结构”[4]；在千年一脉的官民矛盾之外，两极分化、弥散性腐败、软政权化和分利集团化[5]等成为突出的问题和矛盾。另一方面，社会阶级阶层格局发生了深刻的变化，治理对象变化深刻：社会阶级阶层格局由“两个阶级一个阶层”演化为十个社会阶层[6]；出现了大约五千万人的新社会阶层[7]；两极社会定型化，一端是以拥有大量财富为特征的强势群体，另一端是以拥有众多人口为特征的弱势群体，中间阶层则发展得相当缓慢[8]；随市场经济的发展与对外开放的深入，社会日益开放、多元，以行政控制手段为主的治理结构越来越难以为继[9]。

第三，治理环境方面。经过30多年的发展，普通民众的民主法治意识和权利意识日渐增强，维权活动蔚然成风并有发展为维权政治之势①。公共生活的领域随社会转型而大幅度扩展，但摆脱了传统伦理束缚的个人出现“权利义务失衡的自我中心主义价值取向”，在一味伸张个人权利的同时拒绝履行自己的义务，并且“公共生活的衰退更为明显，个人在公共领域也表现得更加自私”[10]。随着治理视野的开阔和价值观念的转变，党政权威的合法性面临新的挑战，政党在治理结构中的合理定位与转型、有限而有效的公共服务型政府成为未来之选。随着中国日益深入地融入人类文明发展的主流，以宪政民主法治为核心的世界治理发展潮流也在深刻地影响着中国的治理发展，并在国际上形成一种软压力。不仅如此，在选择治理转型的战略和策略时还要考虑到如下事实：一方面，作为一个相互依赖程度日益提高的超大型复杂社会系统，激进变革的风险和成本加大，

① 以2008年上半年为例，按照程序著名的维权活动有：北大教授申请公开高速公路收费信息，清华学者申请公开汶川地震烈度信息，学者根据政府信息公开条例申请公开华南虎照信息，等等；而在6月份发生的三起暴力事件——翁安事件、闸北袭警事件、张家界被强制拆迁户自制炸弹炸政府办公楼事件，在某种程度上不仅显示了官民关系的紧张，也可以归入暴力维权的范围；一文一武，意味深长。

需要稳健、持续的治理转型，但行政性控制产生的“延时效应”既带来了机会，也蕴含着挑战[11]；另一方面，既得利益集团的出现，思想上对激进和保守两极徘徊历史的反思，国外激进变革的负面教训，等等，促进了渐进变革意识的普及，“脱两极化”的渐进变革成为主导的变革思路[12-13]。

第四，治理转型需求方面。上述三个方面的深刻变迁汇成一股要求现行治理模式结构性变迁的巨大社会需求：它要求深入推进政治体制改革，坚持和发展社会主义民主，坚持和完善法治，在制度层面上重新调整权力—权力、权利—权力、权利—权利的关系；它要求转变社会文化管理体制，破除有关制度障碍，扩展民间组织成长发育的空间，促进第三部门及公民社会的健康发育，积极培育基础性的社会公共价值，促进公共生活领域的健康发育；它要求真正的“科学执政、民主执政、依法执政”，实现中国共产党自身的战略转型，以新的领导方式来应对和处理各种问题。

1.1.2 治理转型领域仍有巨大的研究空间

相对于治理变迁的深刻性、广泛性以及巨大的需求而言，中国治理转型的理论研究相对滞后，“改革理论远远落后于改革实践”[12]。例如，应该用什么理论框架来把握中国的治理转型过程？与西方发达国家20世纪70年代以来的治理转型比较，它的主要内容与核心问题是什么？中国治理转型面临的特殊困境是什么？实现治理转型突破的关键在哪里？影响我们对治理转型思考和行动的文化资源有哪些？采取什么样的治理转型模式最有利于治理结构平稳、持续、彻底的转变？如何消解改革开放以来积累的社会矛盾或将其建设性的转化为治理转型的持续动力？如何认识中国共产党现行的领导方式与人民当家作主、依法治国之间的内在关系？中国共产党应该如何确定自身在治理转型中的位置，以及如何定位自身在未来治理结构中的位置才能够既有效推动治理结构的现代转型，又有利于加强自身合法性？等等。这些重大理论问题迄今缺乏透彻的理论分析，这为本书提供了充分的研究空间。

1.1.3 治理转型研究是深化改革的现实需要

改革已经进入攻坚阶段，经济体制改革需要继续深化，政治体制改革需要新的突破，社会和文化管理体制改革需要更大幅度的调整；政治体制改革的滞后很大程度上妨害了经济体制改革的深化与社会—文化体制改革的调整①。改革的深化和攻坚亟需理论的指导，“摸着石头过河”是改革之初一种不得已的选择，在改革开放已经进行了 30 多年之后，我们不能再继续固守“摸着石头过河”的经验主义策略；“改革难题的根本解决在于改革理论的确立”[14]32，我们需要深入总结改革的经验教训，深入把握改革的动力、阻力和环境，深入把握改革的常量和变量，并将其上升为理论来为下一步的改革提供高屋建瓴的指导。

本书定位于宏观的治理转型研究，需要一定的主客观条件。经过 30 多年的发展，研究客体（我国现阶段的治理模式以及过去 30 多年治理转型的进程）的内在矛盾已经展现的比较充分，而且与治理转型相关的专题性研究、经验性研究已具有一定积累，甚至比较丰富了，能够支撑一定的宏观研究。

1.2 文献综述

1.2.1 核心概念辨析和界定

治理。治理是一个含义驳杂的概念，从不同的角度界定其内涵差异很大。国外学者对治理概念的界定以罗德斯（R. Rhodes）、斯托克（Gerry Stoker）、基斯·冯·克斯伯根（Kees van Kershergen）和佛朗斯·冯·瓦尔登（Frans van Waarden）为代表，罗德斯列举了六种不同的治理定义[15]，斯托克提出了五种有关治理的不同观点[16]，基斯·冯·克斯伯根和佛朗斯·冯·瓦尔登提出了“治理”的九种用法[17]。国内学者以俞可平、毛寿

① 对于政治体制改革是否滞后的问题，学术界是有争论的，但是主张政改并不滞后的学者不占主流，而且大多出于意识形态需要的辩护；虽然对于如何改革争议很大，但是主流学者基本都认可政改的滞后。

龙为代表。俞可平在详细分析了多种治理定义后，提出“治理一词的基本含义是指在一个既定的范围内运用权威维持秩序，满足公众的需要”[18]；毛寿龙则认为：“治道，就是人类社会治理公共事务、解决公共问题、提供公共服务的基本模式。”[19]本书综合两人的观点，认为治理是人类形成并运用权威维持公共秩序、处理公共事务、解决公共问题、提供公共服务的基本模式。

治理模式与治理结构。治理总是以一定的治理模式具体呈现的。治理模式是指构成治理的主要要素之间相对稳定的结构性安排。治理模式可以有传统治理模式和现代治理模式之分。毛寿龙认为，传统治理模式以“无限政府、人治政府、专制政府、集权政府和封闭政府”为特征，现代治理模式以“有限政府、法治政府、民主政府、分权政府和开放政府”为特征[19]。治理结构，不同的治理主体以一定的价值理念为基础，按照一定的权力与权力、权利与权力、权利与权利安排所形成的维持公共秩序、处理公共事务的基本关系。治理结构是治理模式的核心。中国的治理结构主要体现为党（特指中国共产党）、政府与社会三者的基本关系。

治理转型（Governance Transformation）。治理转型特指治理模式由传统向现代的变迁①。治理转型的核心是治理结构由传统到现代的变迁。对治理转型既可以宏观的研究治理转型的过程、路径、模式、治理结构的变革，也可以微观的研究一个社区、一个单位的治理变迁。本书定位于宏观的研究治理转型的过程和模式，核心是对中国治理结构由传统向现代转变的研究，因而本书所用的治理转型概念主要指传统治理向现代治理的转变。

中国治理转型。中国的治理转型特指从1978年改革开放伊始，作为整体的社会转型的重要组成部分，以高度集权的传统治理模式为起点，以建立成熟稳定高效的现代治理模式为最终目标的治理变迁过程。中国治理转型包含三方面的主要内容：政党（中国共产党）治理的变革和发展，政府治理的转型和发

① 本书所指的治理转型与胡鞍钢所讲的“治理转型”、毛寿龙所讲的“治道变革”内涵基本一样。

展，社会治理的转型和发展[1]。本书对中国治理转型的研究集中在从传统治理向现代治理转型过程中，以及在治理转型基本完成后的“现代治理”运行中政党（中国共产党）、政府与社会三者的基本关系。

治理转型模式。模式既可以指对事物发展内在规律的高度提炼概括，也可以指对某一事物主要变量的结构性安排。治理转型模式不仅指从传统治理向现代治理演变过程中所遵循的路径，也包括治理转型终极意义上现代治理已经基本形成后相对稳定的目标状态。换言之，完整的治理转型模式不仅要考虑治理转型进程所遵循的路径，也要考虑治理转型的最终目标，它应是路径和目标的高度统一。路径和目标在侧重点上有所不同，路径强调过程性，目标强调相对稳定性。就中国治理转型的模式而言：中国治理转型的路径，是指以现阶段的治理模式为起点，以现代治理为终点的治理转型的途径和路线，强调治理转型的过程应该如何走；中国治理转型的目标，是指伴随整体社会转型的基本完成，在治理转型过程的“终点”，我国所形成的相对稳定的现代治理模式是一种什么安排，强调我们理想的最终模式。

对治理转型模式的探讨可以有所侧重。例如，宪政民主说、儒家王道政治说基本上侧重于治理转型的目标，对于路径则较少涉及；而增量民主说、国家基本制度建设说则主要是对治理转型路径的一种解释或建构，基本未涉及治理转型的目标。治理转型的路径和目标也可以相对统一。例如，合作主义国家模式说不仅是一种路径建构，同时也是一种目标建构；而党内民主说既可以是一种路径，也有可能成为一种最终的目标。

探讨中国从传统治理向现代治理的转型，由于其独有的复杂、艰难和漫长，有必要明确区别治理转型的路径和目标，而不是笼统地将两者混为一谈；没有路径支持的目标建构，远水不解近渴；没有目标指引的路径建构，则容易在纷繁复杂的实践湍流中迷失方向。理想的治理转型模式应是路径和目标的高度统一。

1.2.2 国内学术界对中国治理转型模式的研究

国内学术界对中国治理转型模式的研究分为两类：一类是反思过去30年治理转型而进行的模式总结；另一类是基于现在着眼未来，对中国治理转型应然模式的探讨。对于前者，学者之间的争议不是很大；对于后者，则众说纷纭，因而文献综述的重点放在后一类。

关于过去30年中国治理转型模式的总结。萧功秦从转型政治学的角度把中国过去30年治理转型的模式称为“演化政治”模式，亦称“中国—越南模式”。该模式具有三个显著特点：遵照试错路径和逻辑，与传统社会主义体制之间具有历史连续性和“非断裂性”，遵循“最小打乱的原则”；萧功秦认为，这一模式具有对变迁过程可控制、经济动员能力强与资源整合快捷的优势，但也容易导致路径锁定和急诊室效应等特殊的困难[20]。俞可平将过去30年治理转型所遵循模式概括为增量民主模式（详细分析见后）[21]。桑玉成和袁峰则概括为四点基本特征：自主性发展、主导性发展、稳定性发展、渐进性发展[22]。申巧红、张孝文认为还具有梯度性发展的特征，即政治体系能力、政治制度化水平和政治民主化程度等政治发展呈现出区域不平衡性和梯次性分布特征[23]。燕继荣则从政党治理—政府治理—社会治理三条路线互动的视角概括过去30年的治理转型，但没有将其提升为一种模式[1]。

面向现在和未来，国内学术界从不同的学科出发对中国治理转型的模式进行了诸多探讨，成果较为丰富。较有影响力和代表性的观点大约有十个，分别是：党内民主说，宪政民主说，增量民主说，咨询性法治政体说，国家基本制度建设说，合作主义国家模式说，维权政治说，法治民主说，借鉴东亚模式的渐进改革说，儒家的王道政治说。

党内民主说[24]的精髓是充分开发和利用体制内资源促进传统治理向现代治理的转变，但由于有意无意地回避了民主与整合、党内民主与社会民主等关键性理论问题而缺乏理论彻底性。宪政民主说[25]的精髓是对现代治理基本价值的把握非常到位，但把价值和价值实现形式混为一谈，缺乏对中国国情的透彻把握，比较理想化。增量民主说[26]更多是对既往事实的一种描述和解释，而不是一种透彻的理论分析和建构，对“民主增量”达到一定程度后量变与质变的关系也没有分析。咨询性法治政体说[27]深刻认识到中国的复杂性，但欲以法治覆盖民主，将民主降格为“咨询”则不仅无视民主是现代治理基本机制的事实，更无视民主是推动传统治理向现代治理转变的基本动力的事实。国家基本制度建设说[28]比较务实和稳健，但对横向上民主化和制度化如何协调、政党治理、政府治理与社会治理在治理转型进程及最终状态的关系是什么，缺乏透彻的分析。合作主义国家模式说[29]强调国家主导下的有序博弈，公平的共享财富和机会，但对“国家主导”下如何有效制约权力，中国共产党在模式中的定位缺乏明确分析。维权政治说[30]的精华是认识到民间的维权活动是中国治理转型的根本推动力，但对民间维权活动发展到一定规模和层次后可能的影响缺乏充分认识。法治民主说[31]主张“通过法治国家的建设实现民主化”[32]，实质是希望以“司法独立”和司法改革为政治体制改革的突破口，不过其仅仅抽象地讨论法治与民主孰先孰后，而没有深入地与实现治理结构的演变结合起来。借鉴东亚模式的渐进变革说[33]短期的技术性、可性很强，但有意无意的回避和忽略了中国治理转型中的一些深层次难题，致使该学说缺乏理论的透彻和长远合理性。儒家新王道政治说[34]非常有启发性，但学术意义大于现实意义，思想的启发性大于其实际可行性。

总结以上十种代表性的观点，可以按照其对待现行基本治理结构的态度区分为两个方向：结构内调整方向，立足现有基本治理结构的充实、完善、调整，坚持“党的领导、依法治国与人民民主有机统一”的基本原则；结构性变革方向，认为现在的基本治理结构难以满足宪政发展的需要，从根上否定了现在的基本治理结构，“另起炉灶”，实质上偏离了“党的领导、依法治国与人民民主有机统一”的基本原则。

结构内调整是主流方向，大多数学者认可和支持这种方向。

这些学者大都认识到党政关系是中国政治的核心，党政分开①是价值取向和宪政建设的关键，正如王贵秀所言：“我们的政治体制改革要抓住‘党政分开’这个关键，从根本上理顺党与人大、党与政府、党与司法机关的关系以及党与各种社会组织的关系。[14]144” 有的学者反驳了这种看法，申明民从“结构性变革”的思路出发批判了这种观点，认为“党政分开”行不通，在现行宪制框架内党政根本无法分开[35]。这些学者大都明确支持或认可党与人大关系的调整，党的权力逐渐转向人大。张鹏飞认为，党与人大关系变革是中国宪政制度建构的核心和重点，党的权力应该实现由行政机关到立法机关的转变，该转变有三个优点：符合法理，符合党的政治体制改革的思路，有利于实现社会各种力量的协调[36]。谢岳也持此观点[37]。胡伟认为，中国共产党应该实现“整合型政党”向“意见综合型政党”的转变[38]。朱光磊认为，应该通过更好的发挥人大的作用来规范党政关系[39]，也可以认为支持该观点。实践中，自中国共产党第十五次全国代表大会以后，省级行政区实行党委书记兼任人大常委会主任已占多数，且还有上升趋势。但是王贵秀却认为，这个思路是一个误区，这种做法是以往党委书记兼政府首长的变相：目的在于加强对人大民主选举的控制以实现组织意图；比党委书记兼任政府首长还要倒退，没有跳出党政不分、以党代政的老路；仍是典型的人治做法[14]。结构内调整方向的支持者虽然正确地认识到“党政分开”是问题的关键，但是并没有提出好的解决办法。

大多数海外学者，包括少数大陆学者主张结构性变革②，其中以刘军宁的观点最为系统，也最具代表性。这些学者认为，个体自由与权利是现代社会的基础，公共权力的要义在于保障公民个体的自由和权利，因而宪政主义、法治国家、有限政府、司法独立、权力制衡与新闻自由等既是政治转型的基本条件，

① 注意：“党政不分”这个概念是“大政府”，即包含人民代表大会和司法机构在内的政府。

② 大陆学者如刘军宁、应克复、申明民等；海外学者很少有明确提出针对中国的宪政建构的建议，更多是对中国治理变革进程的描述，但隐含的价值前提却惊人的一致。

也是改革的重点[25]。而且，“变革不可能从控制最严的地方开始”，“党内民主作为政改的一个选项，只能是压力累积和控制衰减的结果，而不是现行启动政改的动因”。[40]正如王绍光等概括的，体制外的思路则把希望放在三个流行的概念上，即自由、公民社会和民主，认为中国灾难的主要根源是不受制约的权力，解决中国问题的关键是通过“自由、公民社会和民主”制约公共权力[28]。对这种观点的评价，前已述及，不再重复。

1.2.3 国外学术界对中国治理转型及模式的研究

国外学术界，特别是美国学术界，对中国治理转型的研究成果较为丰硕。按照研究的方法划分，国外学者关于中国治理变迁的研究，描述性和解释性的研究占主流，预测性的研究也有一定比例，但针对治理转型模式的研究极少，因为绝大多数研究者不言自明的研究预设就是西方的以多元民主政治为核心的现代治理模式，扩大民主、自由是解决中国所有问题的关键。

下面列举一些有代表性的描述性和解释性研究。Merle Goldman 在对中国的人权提出若干批评的同时，也客观地描述了中国改革开放以来在人权方面的巨大进步[41-43]。Holdaway 与 Jennifer 从中国持不同政见者自我转变的角度描述了中国治理转型的发展。他们认为，20 世纪 90 年代初以来，中国持不同政见者不再冒险冲动了，而是转向推动公民意识和公民组织的形成等更为艰辛也更为脚踏实地的工作[44]。Yongnian Zheng 则从政府的角度分析了中国的政治渐进主义及其局限性，指出，虽然迄今为止中国政府实行的政治渐进主义较好地吸纳了激烈经济社会变革的冲击，但是面对日益增长的政治变革需求，未来仍然存在很大的不确定性[45]。Joseph Fewsmith 在其一系列著作中细致地描述了 1976 年以来，政治社会力量与相应话语的变迁及其对中国未来发展的影响[46]。Rebecca R. Moore 指出了中国公民社会发展的特殊性：不是导向革命性巨变，而是有利于国家—社会治理的渐进演化[47]。Chen Xi 也论证了类似的观点，政治参与空间的扩展并没有导致激进的自由民主[48]。虽然态度各异，但 Kellee S. Tsai 等学者都从民营经济发展的角度论证了中国私营经济的发展未必导致西方式民主[49-51]。也有一部分学者较为正面地描述了中国治理的进步，如 Lily L. Tsai 在其著作中指出，虽然缺乏正式的民主，但是政府公共物品供给的绩效仍然在改善[52]。Minxin Pei 则充分揭示了中国快速经济发展所掩盖的阴暗面及其对未来的挑战，如扭曲的激励、恶性的腐败等[53]。

按照研究的侧重内容和风格划分，有的研究将主要侧重点放在中国治理的公共政策运行分析上，而尽量回避较为敏感的政治问题，以 OECD 组织并出版的《中国治理》为代表。但该书在其结论部分仍然认为："在中国现在所面临的许多挑战中，最基本的问题是政府作用的重新界定，此问题可以进一步延伸为公共支出的可持续性和改革行为的效率问题。它是组织结构、行政事业单位和公共服务改革的基础。"[54]

绝大多数的研究从西方的价值理念出发，把中国的治理转型同民主发展紧紧捆绑在一起，并以其为基本标杆来衡量中国治理的变革，因而基于政治学视野的中国治理转型研究在国外学者的研究中属于绝对主流。国外对中国治理转型的代表性观点有：悲观的崩溃论和陷入局部均衡的陷阱论；乐观的走向民主论；韧性威权论。

对中国治理转型的悲观预期。Gordon Chang 认为中国的诸多深层次问题会随时间的推移而恶化并最终导致中国的失败[55]。James Mann 认为中国最终将走向民主的结论不一定成立，美国的外交政策不能建立在这个假设之上[56]。Minxin Pei 认为中国经济发展和繁荣的下面潜伏着深刻的治理危机[57]，中国已经陷入了局部改革均衡的陷阱[58]。

对中国治理转型的较为乐观的看法。Bruce Gilley 相信中国走向民主是不可避免的，他认为党内亲民主的派别将和中国社会内部促进民主的力量结合起来推动中国走向民主[59]。Henry S. Rowen 更为乐观，他从经济—政治发展关联性和经济统计的角度出发，认为中国将在 2015 年左右实现民主[60]。Dali L Yang 虽然批评了 Henry S. Rowen 过于乐观的想法，但他对中国长期的民主发展仍然抱着谨慎乐观的态度[61]。

中国从极权走向韧性威权的观点。持此观点的研究者承认，中国的治理变迁已经取得了较大进步，虽然远未达到它们的预期；但是他们对中国是否会走向民主的看法是较为悲观的，更倾向于认为，中国将结合经济增长、熟练的组织和宣传等手段，走向某种截然不同于西方式民主政治的现代威权政治[62-65]。

对国外中国治理转型研究的评价。如果说，国内学者在中国治理转型的理论探讨上仍然存在很多不足，那么很多国外学者做的则存在更大缺陷，他们更多基于西方社会的经验来研究和分析中国治理转型进程，其预设前提就是西方的多元民主政治。国外的中国治理转型研究，亦呈现出两个倾向。

基于狭义“治理”定义的研究。由于其浓厚的管理和效率导向，忽视了中国制度和社会平台与西方社会的迥然不同，以及中国治理问题的独特性，简单地挥舞“善治”的标杆来衡量中国，乱开药方，甚至横加指责。这一部分研究者对中国治理转型关键性问题的把握就是存在问题的，往往有意无意地把西方的问题转移到中国来，存在问题的误读；在分析范式上，基本停留在政府—市场—社会的分析框架内，而很少注意到中国政府、市场和社会三者之间横向的独特性，以及纵向演进的独特性；在结论上也没有多大新意，不过是减少政府作用，扩大市场和社会作用，而对更深层次的问题缺乏深究。

大部分研究者在研究中国治理问题时，认识到了中国现阶段治理变迁的内容和重点截然不同于西方社会。这一部分研究者研究的主要内容是中国治理结构的变革，而非公共物品供给；其研究预设是西方社会的多元民主政治；其兴趣高度集中在民主、自由的扩展上。但是又走向另一个极端，把中国治理转型的发展紧紧地同民主化、自由化捆绑在一起，并以此为基本标杆来衡量中国的治理转型，甚至横加指责，而没有认识到自由—民主仅仅是中国复杂的治理转型进程中的一部分内容（虽然必不可少），而非全部；研究兴趣与研究预设的狭隘制约了这些研究者更为开阔、更为深入的理解和把握中国治理转型的独特进程，并以此为基础提出具有现实意义的治理转型模式。

受其经验以及预设前提的制约，西方学术界对中国治理转型的描述性研究往往好于解释性研究，而解释性研究往往要好于规范性研究；规范性研究不仅少见（因为对他们而言，正确的道路通向哪里，不言自明），而且研究质量普遍较差。

1.2.4 中国治理转型模式研究中存在的问题

通过对以上代表性观点的分析，可以发现，现阶段对中国治理转型模式的研究无论在历史认识上，还是在现实认识上，以及在对未来的认识和建构上都存在一定的误区。

(1) 对治理转型模式所处历史和现实认识中存在的问题

在对中国历史的认识上，更多强调暴君专制传统，而对构成专制基础的奴性文化，以及与暴君专制恶性互补的暴民乱治传统缺乏充分认识。在对西方治理的认识上，更多强调其制度优越性，对于其制度形成的历史及制度赖以有效运行的经济、社会、文化基础缺乏充分关注。把权力缺乏制约视为社会矛盾总根源的"宪政民主说"集中体现了这种历史认识的误区。

对治理转型模式所处现实的认识也存在一些问题：社会转型与治理转型的过程同时存在两种全然不同的积累过程，一方面是走向良治的条件积累，另一方面是走向动荡和分裂的条件积累，现有研究往往强调前者，有意无意地忽略后者；我国的治理转型包含两个相互联系的过程——现代民族国家建设过程[①]与现代治理（人权、自由、民主、法治、公民社会等）发育过程，大多数研究者往往强调后者而有意无意地忽略前者；缺乏制约和监督的公共权力是社会灾难的源泉已成共识，但不成熟的权利却是潜在的灾难之源，对此缺乏足够的认识和警惕。

(2) 模式概括和模式建构中存在的问题

在中国30年治理转型模式的总结上，除萧功秦以外，大多数学者对过去30年中国治理转型模式的总结存在问题是：仅仅提出了一些基本特征，没有明确将其抽象为一种模式；仅仅从正面论述，没有深入揭示这种模式的优势和缺陷，特别是结合时间维度来论述其随时间推移的优劣转化。

在面向未来的模式建构方面，存在如下误区：没有根本走出调整或强化官—民两极模式的思路；主张坚持和加强党的领

① 如统一的市场制度、统一的暴力管理制度、法制系统、税收制度、金融制度、能够保障国家统一的中央与地方关系制度等均属于现代国家建设的范畴。对此强调较多的是郑永年和胡鞍钢、王绍光等学者。

导的学者没有根本摆脱建设“全能型政党”的思路；而主张宪政民主论的学者对国情的认识较为肤浅，对治理转型过程中政治博弈的复杂性缺乏充分认识，走向了“政治多元化”的另一个极端；国家基本制度建设说，“借鉴东亚模式的渐进改革说”虽然技术性、可操作性很强，但是有意无意地回避和忽略了政党治理—政府治理—社会治理三者演化进程及最终关系所必然涉及的一些深层次问题，长远合理性和理论彻底性都不够。在面向未来的路径和模式建构方面，以下两个问题特别突出。

其一，偏离治理转型的基本原则。我国政治体制改革的基本原则（也是本书所讲的治理转型的基本原则）是“党的领导、依法治国与人民当家作主的有机统一”，以之作为基本衡量标准可以发现：这些建构途径和建议，有的直接偏离了这一基本原则，有的有意无意地回避了这一基本原则，少数正视这一基本原则的，对这三者如何具体地创造性结合缺乏深入分析和探讨。依据治理转型的基本原则，在治理转型过程中，既要在由传统治理到现代治理的转型过渡过程中及现代治理结构中维护和加强中国共产党的领导权威，又要保证现代治理基本价值和形式的健康成长、健康运行，理想的变革途径应该是“党的转型”与“宪政发展”两者的创造性结合。以此为标准衡量，有的变革途径对这一基本需求缺乏认识和关注，有的虽然认识到了，但往往顾此失彼，缺乏创造性结合。

其二，未实现我国国情与现代治理基本价值的创造性结合。我国治理转型必须坚持中国国情与现代社会基本价值创造性结合的原则，正如我们一再强调的那样，吸取西方政治文明的精华，但绝不照搬西方政治模式。以此为原则衡量，上述变革途径或者过于强调中国国情而忽略了现代社会基本价值原则，或者过于强调现代社会基本价值原则而忽略了中国特殊的国情，有的虽然尽力兼顾两者，但分析的力度、深度及所提建议的可行性都还远远不够。特别是，对党的转型这一核心问题的研究，多是一般性论述，拘泥于概念的争论、纠缠于细节问题，缺乏创造性思考。没有把党的领导同党的领导的实现形式区别开，没有把党的转型与现代宪政的基本价值和形式创造性结合起来。这个核心问题不解决，其他的方案设计再美妙也难以发挥作用。

现在党政关系研究的困境，在现状上把党国一体视为现实，规范认为两者应该分开，可又提不出建设性方案，或者干脆不再考虑党的位置。

模式的设计不可能面面俱到、十分完美，但必须抓住关键性问题。现在对中国治理转型模式的研究或者没有抓住关键性问题，或者对关键性问题的分析缺乏理论彻底性：对治理转型过程和路径的研究没有透彻地分析政党治理、政府治理与社会治理三者互动的关系；对模式的建构也没有对政党治理、政府治理与社会治理三者最终的关系给予明确的回答。因此，现有的治理转型理论并不能满足指导治理转型实践的需要。

1.3 研究方案

1.3.1 研究定位

本书拟探讨和论证的主要问题是：对于中国的治理转型而言，最重要的理论和实践问题（或主要内容）是宪政建设还是公共物品的多元供给？现阶段中国治理转型面临的主要难题是什么？沿袭现在的治理转型模式能否根本解决问题？为什么现有的治理转型模式不能满足治理转型实践的需要？党的转型和宪政发展根本上是否兼容？如果兼容，采取什么样的治理转型模式既有利于坚持党的领导又有利于治理结构顺利、持续、彻底地向现代宪政结构转变？

围绕这些问题，本书准备以燕继荣“治民（社会治理）—治政（政府治理）—治党（政党治理）”的分析框架为基础，以其深入分析中国的治理转型过程，认识现阶段治理转型的模式及其局限性，把握中国治理转型的基础环境和实现治理转型突破的关键问题，并重构中国治理转型的模式。为达此目的，本研究致力于把中国国情与现代公共治理基本价值创造性结合。在研究过程中，注重体现现代治理基本价值精髓，注重治理转型的过程性和治理转型模式的中国特色。

1.3.2 研究意义

第一，理论意义。通过对治理理论在中国发展的回顾和解读，明确治理理论的基本语境转换，明确治理理论在中国的研究重点，并寻找更适合的分析框架，使来源于西方发达国家的治理理论更有利于把握中国的现实问题，更好地解释现实，引导未来；治理转型过程的研究有利于深刻认识我国现阶段治理转型所遇到的困难和挑战，而对既往治理转型模式的总结和分析，有利于深入认识现有模式的局限性以及超越现有治理转型模式的必要性和紧迫性；对治理转型纵向和横向基础环境的分析有利于我们明确发展趋势并对治理转型进程的复杂性、艰难性保持清醒的认识，而对治理转型关键问题的深入分析则有利于深入把握党的转型与宪政发展两者之间的复杂关系，为治理转型模式的重构奠定认识基础；对治理转型模式的重构丰富了该领域的理论探索。

第二，实践意义。对治理转型过程和模式的深入探索有利于深化对中国治理转型现实的认识，提高对治理转型突破紧迫性和必要性的认识；对治理转型基础环境和关键问题的分析有利于帮助我们清醒而现实地把握我国治理转型的方向和节奏；对治理转型模式的重构以及相应建议的提出有利于更多元的对策比较和选择。

1.3.3 研究方法

研究方法是为选定的研究问题服务的，研究方法的选择必须紧紧围绕研究问题，并最有利于围绕研究问题展开研究。根据本书的研究问题，本书主要采用如下研究方法。

第一，比较的方法。比较的方法是本书采用的最基本的方法。本书将从治理角度出发，以对中国的治理发展与西方发达国家治理发展的比较入手，提炼出中国治理转型的重心，并选择合适的分析框架。除此之外，比较的方法将作为一种基本方法贯穿全文。

第二，纵向历史分析和横向结构分析相结合的方法。历史分析主要是面向“过去”的分析方法，在分析 1978—2008 年 30

年治理转型过程部分时主要采用历史分析的方法，通过纵向历史分析来了解现阶段治理转型的“历史继承”。横向结构分析主要是面向“现在和未来”的分析方法，在分析治理转型的基础环境、实现治理转型的关键部分，主要采用横向结构分析的方法，通过结构分析的方法深入把握治理转型的相关因素，为富有远见而又具有可操作性的模式重构奠定知识基础。当然，以上针对方法的内容列举仅仅是例证，作为基本方法，全书大多数章节都涉及历史分析和结构分析相结合的方法。

第三，制度分析和经济社会分析相结合的方法。制度变革[①]是本书关心的重点之一，相应的制度分析也是本书的基本方法，本书的制度分析重在揭示制度体系本身的内在矛盾。无论制度的运行，还是制度的变革，都离不开相关的经济社会[②]因素的支撑。如果不深入地把握制度相关的经济社会因素，就难以透彻地理解制度运行和变革，容易陷入肤浅的“制度决定论”。因此，本书在制度分析的同时，也注重采用经济社会分析的方法来把握制度的经济社会内涵。

第四，实证分析和规范分析相结合的方法。治理转型的模式研究必须基于对以下内容的扎实了解：过去发生的历史变迁及其制约是什么？现在的事实、环境和问题是什么？未来的变量和趋势是什么？对过去和现在的了解主要依赖实证分析的方法，对未来的建议则更多依靠规范分析的方法。当然，这只是一个相对的区分，“理论先于观察”，对过去、现在的把握和评价往往离不开“内在的规范和标准”。

第五，系统分析的方法。本书把治理转型过程视为一个开放的系统，并尽量采用系统的思维和方法去理解和把握问题。以实现治理转型突破的关键问题为例，不是因为其他问题不重要，而是从系统的角度考虑，对于中国的治理转型过程而言，最重要的问题就是“党的创造性转型”。

---

① 本书所讲的制度均是正式制度，特别是基本宪政制度，不同于新制度经济学的制度概念，新制度经济学中除正式制度外还包括非正式制度，如习俗等；因为在西方正式制度高度成熟的语境下，研究者注重非正式制度有其历史合理性。

② 包含了文化因素的社会，亦即市民社会研究者政治—经济—社会三分法所讲的社会。

1.3.4 研究设想

本研究基于两个前提性判断：第一，虽然中国的综合国力、经济总量和生活水平绝对值得到大幅度提高，但由于种种原因，改革开放30多年也积累了深厚的社会矛盾，这些“积累深厚”的矛盾或者被我们主动消解，或者通过主动变革转化为治理转型的建设性动力，或者在屡次拖延之后在意想不到的时间和地点爆发成为治理转型的破坏性能量。某种意义上，“改革与革命、解决问题的速度与问题发展的速度在赛跑”[66]；第二，长期看来，作为中国现代化事业的领导核心，党的执政合法性来源于推动中国经济、社会、政治的持续进步，要在现代化进程中坚持和加强党的领导，就必须坚定不移地深化经济改革、实现经济可持续发展，坚定不移地推动社会改革和社会公平，坚定不移地发展社会主义民主政治。时至今日，经济改革的深化和社会改革的突破必须以某种程度的政治改革为前提，而任何实质性的政治改革必然包含与人大、政府关系的调整以及党本身的转型。“如果一味拖延或拒绝政治改革，则将坐失改革的有利时机；如果贸然推行多党制和普选制等激进政治改革，则又很可能未蒙其利先受其害。无论出现哪种情况，都将带来社会的动荡不安，而这既不符合社会大多数人求稳求富的普遍心理，更不符合政治领导集团追求长治久安的根本利益”[67]。

以此为出发点，本研究拟探讨的主要问题是：与西方发达国家20世纪70年代末期以来的治理转型相比较，现阶段中国治理转型的主要内容、基础环境和关键问题是什么？现阶段中国的治理转型面临哪些深层次问题，现阶段的治理模式能否根本解决这些问题？沿袭现在的治理转型模式能否根本解决这些深层次问题，实现传统治理向现代治理的根本转变？制约治理转型模式选择的因素有哪些？采取什么样的治理转型模式最有利于治理结构顺利、持续、彻底的转变？

（1）基本论点和思路

第一，基本论点：①中国治理转型的主要内容是以宪政发展为核心的公共秩序建设。②认为党的转型是治理转型的关键问题，也是现阶段最大的制约“瓶颈”，要坚持和加强党的领导同时推动宪政发展必须实现由“全能型政党”向“功能型政党”的现代转变。③提出了治理转型的新进路，即“道统合法性”与“民意合法性”并重，从“以道驭势”的传统理想出发，建设性地汲取西方宪政治理的精髓，实现中华治理传统的现代重建。④对中国治理转型模式作了重构：扬弃现阶段治理运行的两极治理模式，否定过去30年治理转型所遵循的“技术性渐进变革模式”，整体治理模式实现由两极模式（党政—社会，即官—民模式）向三极模式（社会—政党—政府，即民—监督协调仲裁者—官模式）转变；中国共产党通过自身创造性转型，实现由“全能型政党”向“功能型政党”的现代转变，摆脱“以党代政”“代民议政”的状态，转型为以宪法为基础，以监督政府—社会运行、协调政府—社会关系为主要职能的“监管者”，将自身在治理转型中的位置定位于促进宪政秩序的形成和维护其健康运行。

第二，基本思路。本书分为五大块：第一部分（第1章绪论），在文献综述的基础之上确定研究内容和基本框架；第二部分（第2章），阐述治理理论的发展和对中国治理转型的借鉴性，辨析中西治理转型的差异，确定本书中国治理转型研究的重心以及研究的理论基础；第三部分（第3～5章），从历史与现实的角度分析了中国治理转型的客观过程，基础环境及突破治理转型困境的关键所在；第四部分（第6章），从传统方面分析了中国治理转型可发掘的文化资源与可选择的进步；第五部分（第7～8章），重构中国治理转型并提出若干建议，并总结全书。

（2）研究重点难点

全书有四个相互衔接的论证重点。①提出并论证中国治理转型的主要内容是以宪政发展为核心的公共秩序建设，即：对于社会转型中的中国而言，首先是多主体合作推动治理结构的可持续性改善，其次才是多主体合作提供公共物品和公共服务；同时择定合适的理论基础和分析工具。②分析中国治理转型的过程、模式以及其关键问题，并论证：建立以宪政为核心的现代治理已经成为中国治理转型的基本共识和潮流所在，但是治理转型存在深刻的内在困境；坚持党的领导与宪政发展是有可能兼容的；可能性实现与否根本取决于中国共产党创造性的战略转型。③提出了治理转型的新进路，并论证中华治理传统现代重建的可能性与可行性。④重构中国治理转型的模式，并论证其可行性和比较优势。

（3）主要创新点

本书的主要创新点：①认为中国治理转型的主要内容是以宪政发展为核心的公共秩序建设，中国治理转型的关键问题是中国共产党如何通过自身转型适应并促进宪政发展。②认为既要坚持和加强党的领导，又要推动宪政发展，中国共产党必须实现由“全能型政党”向“功能型政党”的现代转变。③提出了治理转型的新进路，即“道统合法性”与“民意合法性”并重，从“以道驭势”的传统理想出发，建设性地汲取西方宪政治理的精髓，实现中华治理传统的现代重建。④对中国治理转型模式作了重构：扬弃现阶段治理运行的两极治理模式，否定过去30年治理转型所遵循的“技术性渐进变革模式”，整体治理模式实现由两极模式（党政—社会，即“官—民”模式）向三极模式（社会—政党—政府，即“民—监督协调仲裁者—官”模式）转变；中国共产党通过自身创造性转型，实现由“全能型政党”向“功能型政党”的现代转变，摆脱“以党代政”“代民议政”的状态，转型为以宪法为基础，以监督政府—社会运行、协调政府—社会关系为主要职能的相对独立和中立的“监管者”，将自身在治理转型中的位置定位于促进宪政秩序的形成和维护其健康运行。

第 2 章　治理理论及其在中国的发展

本章主要讨论治理理论的兴起和本土发展，以及以之作为理论基础分析中国治理转型的可能性。本章分为四个部分：第一部分，西方治理理论的兴起与应用；第二部分，中国对治理理论的引介、应用、反思和本土转化；第三部分，通过对中西差异的分析，明确治理理论在中国发展的基本语境，对治理理论本土发展和转化的前提作一个系统的反思；第四部分，分析如何促进治理理论在中国的发展。

2.1　西方治理理论的兴起与应用

自世界银行 1989 年在讨论非洲发展时首次提出“治理危机”（crisis in governance）以来，“治理”这个概念很快就在学术界流行开来。自 20 世纪 90 年代以来，在西方学术界特别是政治学、行政学、管理学领域，以治理为研究对象的著述大量涌现，治理成为社会科学研究的热点问题和前沿领域。

2.1.1　西方治理理论的基本内涵

在关于治理的定义中，全球治理委员会的定义具有代表性和权威性。该委员会在 1995 年的《我们的全球伙伴关系》中，把治理定义为：治理是各种公共的或私人的个人和机构管理其共同事务的诸多方式的总和。它是使相互冲突的或不同的利益得以调和并且采取联合行动的持续的过程。这既包括有权迫使人们服从的重视制度和规则，也包括各种人们同意或以为符合其利益的非正式的制度安排。它有四个特征：治理不是一整套规则，也不是一种活动，而是一个过程；治理过程的基础不是控制，而是协调；治理涉及公共部门，也包括私人部门；治理不是一种正式的制度，而是持续的互动[68]。

治理理论的主要创始人之一詹姆斯·罗西瑙在其代表作《没有政府的治理》和《21 世纪的治理》等文章中明确指出：治理与政府统治不是同义词，它们之间有重大区别。他将治理定义为一系列活动领域里的管理机制，它们虽未得到正式授权，却能有效发挥作用。与统治不同，治理指的是一种由共同目标支持的活动，这些管理活动的主体未必是政府，也无须依靠国家的强制力量来实现。换句话说，与政府统治相比，治理的内涵更加丰富。它既包括政府机制，同时也包括非正式的、非政府的机制[69]。

值得注意的是，Jude Howell 在《治理在中国》一书中，或许认识到上述基于西方经验的治理定义的局限性，他把治理定义为“权力和公共权威配置的，包括正式和非正式，程序和安排的总和”[70]，这有别于包括世界银行在内的一些国际性机构采用的那种管理主义的治理定义，它很接近毛寿龙、俞可平的定义，即包含着一定的权利—权力安排在内。

2.1.2 西方治理理论兴起的历史背景和思想渊源

俞可平认为，西方发达国家治理理论兴起的历史背景主要包括：政府与市场在资源配置中的失效；面对日益复杂多样性的问题和组织，政府行为的有限性；全球化以及全球组织的发展；民主化的发展[18]。聂平平、王章华将其归纳为四点：经济全球化的推动；公民社会发展的需要；现代信息技术的发展；传统官僚制的弊端和商业管理模式的示范效应[71]。曹任何从合法性角度解读了治理理论的兴起：治理不过是西方政府与政治学学者为应对信息化时代政府的合法性危机而采用的一套新的理论说辞与政治实践措施，因为治理对公共物品与服务供给的效能和民主方式的追求，与政府合法性建构的效能原则（工具性原则）和民主原则（价值性原则）完全契合[72]。汪向阳、胡春阳认为治理兴起的主要背景是：一是由于西方福利国家出现管理危机；二是与市场和等级制的调节机制发生危机有关；另外，它与众多社会组织集团的迅速成长密切相关[73]。需要注意的是，治理理论兴起的历史背景可分为两大类，一类是西方社会新问题的出现，另一类是西方社会解决这些新问题所具备的社会条件，两者是相辅相成的。

在思想上，治理的兴起与 20 世纪 70—80 年代社会科学各个学科领域原有的范式已经不再具有足够的能力来解释和描述“现实的世界”的范式危机有关[74]，也与对等级官僚制度的反思有关[75]，还与西方社会一直存在的自组织传统与理论有关[76]。

2.1.3 治理理论在西方社会的应用

最早提出“治理”与“善治”的概念并将其付诸实施的是诸如世界银行、国际货币基金组织之类的国际金融组织。在 20 世纪 90 年代，这些国际组织不仅对“治理”与“善治”进行了专门的理论研究，而且把“善治”作为其评估受援国现状的主要标准之一。对那些在它们看来没有良好治理状况的国家，就要求其进行必要的改革，使之符合其“善治”的标准。毫无疑问，这些国际组织这样做的主要目的是提高其援助的效益，确保受援国具有偿还贷款的能力。在这些国际组织看来，要实现这一目的，就必须引入自由主义的市场经济体制，必须使国内市场自由化，并消除自由贸易的壁垒。而市场体制需要与之相适应的社会政治结构和社会政治状态，其中包括政治合法性、社会秩序和行政效率。正如联合国社会发展研究所副所长阿尔卡塔拉（Cynthia Hewitt de Alcantara）女士所说，在这一点上，“治理”与“善治”的概念就极为有用。因为它使国际金融机构能从经济主义中挣脱出来，去重新思考与经济重组相关的关键性政治和社会问题。此外，这样做也无须触动受援国敏感的国内政治与行政问题。借用“善治”而不用敏感的“国家改革”或“社会政治变革”等字眼使得世界银行等组织有可能处理棘手的受援国国内政治问题，而又避免使人觉得它们超越了其职责和权限而干预了主权国家的国内政治事务[77]。

在西方发达国家国内的治理实践主要“指的是西方政府如何适应市场经济有效运行的需要来界定自己的角色，进行市场化改革，并把市场制度的基本观念引进公共领域，建设开放而有效的公共领域”[78]。具体说来主要包含以下几个方面的内容。

一是政府与市场之间的公共选择以市场为主，政府围绕市场开展工作，更多的市场、更小而有效的政府已经成为西方各国乃至转轨国家和发展中国家的共识，并成为21世纪世界各国政府改革的指导思想。二是政府与市场关系方面的改革在美国等国家转化为一场重塑政府运动，虽然在削减社会福利支出方面没有取得实质性进展，有的国家甚至有些回潮，但是在放松管制、公共领域引进市场机制、建立公共领域的内部市场等方面取得了实质性的进展。三是强化信息技术运用的实践变成了一场重理政府运动，20 世纪 80 年代强调采用信息技术，90 年代开始强调利用信息技术改革原有的工作程序、组织结构等方面的问题。四是 20 世纪 90 年代各国政府都开始重视政策制定能力的提高和政策执行效率的改善，在新公共管理思潮的影响下，许多国家均开始了强化政府政策执行部门自主权的改革，形成了一股“执行局自主化”的改革潮流，从而重新塑造了政治（政策）与行政（执行）之间的关系。这些方面的变革进程构成了西方国家政府治道变革的基本内涵，实际上反映了西方国家行政发展的趋向[78]。其精神实质正如奥斯本在《改革政府》一书中所指出的，“政府要在公共管理中扮演催化剂和促进者的角色”，是“掌舵”而不是“划桨”[79]。

2.1.4 对治理理论的主要批评

不仅政府和市场可能失效，治理也有可能失效。鲍勃·杰索普将治理理论的内在困境概括为四种两难选择。一是合作与竞争的矛盾，二是开放与封闭的矛盾，三是治理性与灵活性的矛盾，四是责任与效率的矛盾。[76]43-44针对这些批评，主张治理的学者提出了“元治理”和“善治”的概念，并将其纳入“治理”的范畴。

假如说西方学者从西方语境出发对治理作了批评，中国学者则主要从中国特殊的历史语境出发对治理理论隐含的霸权倾向以及可能的逻辑误导作了批评[80]。

2.1.5 治理理论对分析中国治理转型的借鉴性

虽然治理理论还不成熟，而且中西治理转型在主要内容、基础环境、核心问题等方面存在根本性差异，但它所蕴含的基本理念仍然对认识中国治理转型的过程和模式具有借鉴性，主要包括四点：不做抽象的意识形态争论（既包括基于僵化的马克思主义的“左”的教条，也包括来自于西方社会的基于对“民主”“自由”迷信的“右”的教条），一切以公共利益为出发点，一切围绕公共问题的有效解决，有利于超越抽象的教条之争，回归公共管理的真谛；治理的精髓是合作主义，不仅强调权利之间的合作，也强调权力之间，权力与权利之间的合作；治理强调不同治理主体之间竞争和合作形式的多样性、灵活性、有效性，以更好的竞争与合作来促进公共利益；由统治向治理的转变是一个世界范围的大趋势，中西皆同，中国也正在“日益由统治向治理转型”[81]。

2.2 治理理论在中国的发展现状

在中国，自刘军宁 1995 年对治理作了最早的介绍以来[82]，以治理为主题的相关论著日益增多，已经形成一个方兴未艾的新兴研究领域。但是，正如徐勇所言，“迄今为止，学界对这一语汇还缺乏深入的理论分析，特别是缺乏以中国为主位的探讨，以至我们在运用这一语汇对村民自治、社区自治、民间组织及其国家与社会关系的分析时，没有强有力的理论支持和解释力”[83]，亦即，中国的治理研究缺乏以中国为理论对象的深入反思和理论转化，治理的理论价值还缺乏充分的发掘。根据本土化程度的不同，可以将国内的治理研究区分为四个部分：对治理理论的引介；对治理理论的具体应用；对治理理论的理论反思；将治理理论本土转化的努力。

2.2.1 治理理论的引介

绝大多数与治理相关的研究文献是对治理理论进行介绍和评价的。

国内可见的文献中，最早对“治理”进行介绍和评价的是刘军宁。早在 1995 年，他就根据世界银行的研究报告形成了《Governance——现代“治道”新概念》一文，文中明确提出治理“是九十年代以来国际政治学界和经济学界新拓展的一个研究领域。……这一范畴在国际学术界已获得承认，并成为一个颇具潜力的新兴研究领域”。并进一步结合中国实际，得出了中国须“从政策治国到制度治国”的结论[82]。随后，1997 年，徐勇又在《Governance：治理的阐释》一文中介绍了“治理”的概念[84]。但斯时，“治理”并未引起国内学术界的广泛关注。

毛寿龙、李梅、陈幽泓所著的《西方政府的治道变革》一书，系统地介绍和分析了 20 世纪 70 年代末以来，西方国家陆续开始的以政府职能市场化、公共管理引入市场机制、在信息时代重理政府、调整政治与行政关系为主要内容的治道变革。毛寿龙等在研究西方政府治道变革的同时，也研究了中国政府的机构改革。他们认为，中国政府的机构改革主要集中在如下五个主题上：“规模的精简：机构与人员的改革”；“职能的转变：政府与市场的均衡”；“行为的规范：政府活动的法制化”；“党政的协调：政治与行政的调整”；“权力的下放：政策执行的自主化”。该书对国内学术界系统地了解西方国家的治道变革起了重大作用[78]。

应该说，在治理理论的引进和评价方面，影响和贡献最大的是俞可平。他在 1999 年和 2001 年相继发表了《治理与善治引论》《治理和善治：一种新的政治分析框架》两文，并于 2000 年 9 月主编了《治理与善治》一书。该书较为全面地收录了国际学术界治理研究的一些重要文献，推动了国内学术界对治理的深入了解。他的“两文一书”也成为国内的代表性文献[18,68,85]。在《治理与善治引论》一文中，俞可平在列举关于治理的主要观点的基础上，提出了对治理内涵的理解：“治理一词的基本含义是指在一个既定的范围内运用权威维持秩序，满足公众的需要”[18]；明确辨析了治理和统治的区别；认为“善治就是使公共利益最大化的社会管理过程，善治的本质特征，就在于它是政府与公民对公共生活的合作管理，是政治国家与市民社会的一种新颖关系，是两者的最佳状态”[18]，并提出了善治的五项要素，即合法性、透明性、责任性、法治和回应。最后，他认为，治理作为一种理论，它的积极意义在于，“虽然治理理论还很不成熟，它的基本概念还十分模糊，但它打破了社会科学中长期存在的两分法传统思维方式，即市场与计划、公共部门与私人部门、政治国家与公民社会、民族国家与国际社会，它把有效的管理看作是两者的合作过程；它力图发展起一套管理公共事务的全新技术；它强调管理就是合作；它认为政府不是合法权力的唯一源泉，公民社会也同样是合法权力的来源；它把治理看作是当代民主的一种新的现实形式，等等，所有这些都是对政治学研究的贡献，具有积极的意义”[18]。

对治理理论的引介，比较重要的文章还有：孔繁斌的《走向公共管理的治理理论》，陈周旺的《治理：公共行政改革的新话题》，程杞国的《从管理到治理：观念、逻辑和方法》，张成福的《论政府治理工具及其选择》，孙柏瑛的《当代政府治理转型中的制度设计与选择》，林冠汝的《治理理论的形成与发展》，朱德米的《网络状公共治理：合作与共治》，汪向阳、胡春阳的《治理：当代公共管理理论的新热点》，胡仙芝的《治理理论与行政改革》《治理视野中的行政改革》，聂平平、王章华的《公共治理的基本逻辑与有限性分析》，任维德的《公共治理：内涵基础途径》，关学增的《当代西方国家的社会治理思潮》，吴晓峰的《公共治理指标的测量——关于治理指标的一项文献回顾》。这些文章分别从不同的角度对治理理论的引介作出了一定贡献。

2.2.2　治理理论的应用

在有关治理的研究文献中，第二类是运用治理理论具体分析中国社会治理转型的论著。

毛寿龙的《现代治道与治道变革》是以治理理论分析中国治理转型的代表性论文之一。他认为：治道，就是人类社会治理公共事务、解决公共问题、提供公共服务的基本模式；传统治道的制度平台包括无限政府、人治政府、专制政府、集权政府和封闭政府等构件，现代治道的制度平台包括有限政府、法治政府、民主政府、分权政府和开放政府等，从前者向后者的变化就是治道变革。《现代治道与治道变革》一文在探讨传统治道和现代治道的基本内涵的基础上，还探讨了中国政府治道变革的基本历程，“中国有效政府的制度平台的建设是一个复杂的结构化过程。因为有效政府平台要素不是孤立的，任何一个方面的变革如果缺乏其他方面的相应变革实际上是难以成功的”，以及治道变革作为一个无休止的变革过程的基本特征[19]。

何增科在《治理、善治与中国政治发展》一文中用治理和善治的理论框架分析了当代中国政治发展的成就，指出了中国政治发展的未来方向。他认为：“总之，治理和善治理论作为一种分析框架，对于研究、总结和展示我国改革开放以来政治发展的成就极为有用。这些政治发展的成就是中央政府和各级地方政府在政治治理和行政管理体制方面所进行的持续的体制改革和制度创新的结果，同时从制度变迁的路径依赖角度来看，今后的政治发展走向将是在已有基础上进一步推进上述体制改革和制度创新，逐步实现建立社会主义民主政治和法治国家的目标。”[86]

燕继荣在《治民·治政·治党——中国政治发展战略解析》一文中认为，仅仅用“民主”指标来衡量中国政治发展有失公允，而“治理”理论却可能为解释中国政治发展提供一种新的视角；作者在“治理”概念下，用“治民”、“治政”和“治党”三条线路来描述中国政治的发展见表2.1。[1]

表2.1　　中国政治发展的三条线路

Tabel 2.1　　The third routes of China’s political development

改革线路	主要任务和解决的核心问题	主要举措和今后发展方向
“治民”路线（社会治理）	放松管制，保障公民权利，规范社会行为	明确界定公民权利并通过宪法和法律加以切实保障，自由权利的保障机制，促进社会自治的健康发展
“治政”路线（政府治理）	改造政府，限制公共权力，规范政府行为	政府构建模式，政府管理模式，官员治理模式
“治党”路线（政党治理）	规范政党行为，把革命党改造为执政党，实现文明执政	政治理念的变革，组织基础的扩大，执政方式的变革

资料来源：燕继荣．治民·治政·治党：中国政治发展战略解析［J］．北京行政学院学报，2006（1）：15-20.

腾世华的系列论文，主要从构建良好公共治理的角度，从静态上分别阐述了政府、市场和公民社会在公共治理体系中各自的地位和作用，以及如何科学界定政府职能、发展公民社会和第三部门、推行公共服务市场化，从而实现各自在公共治理体系中的功能作用；从动态角度，主要是针对政府自身的问题，系统地阐述了政府职能转变和角色创新、政府行为方式与运行机制的改革与创新以及政府组织结构和人事制度改革等方面的问题[87-90]。其中《公共治理视野中的公共物品供给》一文，从公共治理视角对公共物品领域存在的问题及改革进行深入探讨，认为打破公共物品政府提供的垄断局面，实行公共物品多元主体、多种方式提供，这对提高和改善公共物品供给的数量和质量具有积极意义。曹任何从政府合法性角度探讨了治理理论的兴起和中国政府合法性的重建[91]。曹任何认为，治理的基本理论主张对转型期我国政治文明建设背景下的政治发展与政府合法性巩固有着重要的启示意义。在对治理的应用方面，还有一些比较重要的文章。王飏从治理理论的视角出发以苏州为个案研究了地方政府主导性问题[92]。柳春慈从治理理论的视角出发研究了乡镇政府职能问题[93]。杨咏梅则以治理理论为指导研究了高校学生管理模式创新问题[94]。杨占营的论文《治理理论、新公共管理与中国治道变革》，阐述了中国治道变革的路径选择和治理及新公共管理理论对中国的借鉴意义[95]。张璋从“政府治理工具”层次切入阐述了治理理论的兴起及其对中国政府体制改革的启发[96]。沈荣华、周义程在《善治理论与我国政府改革的有限性导向》中，提出“善治理论提出的‘良好的治理’模式，从某种角度讲可以成为中国政府改革的参照，我国政府改革应侧重向有限性转变”[97]。林修果、林婷在《公共治理：建构和谐社会的一种行政学范式解读》一文中，提出公共治理所具有的“公共性”与“治理”的双重品质在社会各种复杂关系中起了很好的协调作用，成为构建和谐社会治理模式的新范式选择[98]。薛立强、李晨两位学者在《当代中国社会矛盾的变化与公共治理革新》一文中提出，公共治理理论对于进一步解决当前社会矛盾具有重要启示：构建多主体的社会矛盾解决模式；营造有利于妥善解决社会矛盾的环境；使非政府组织、私人机构和公民社会承担起更多解决社会矛盾的责任；积极探索多主体解决社会矛盾的方式方法[99]。周义程从公共服务提供的角度提出构建我国公共服务的一主多元型的供给新模式，这一模式要求政府实现由直接生产者的单一角色向动态的兼任生产者、安排者和培育者的“多面人”角色转换。所谓“一主多元”，就是以政府为主导，私营部门和第三部门广泛参与的多种方式并存的公共服务格局[100]。这些文章基本都是以治理的思想为指导去分析中国社会治理变迁过程中的某一个方面，虽然这些研究者大都意识到了“治理”作为舶来品所具有的局限性，但他们也都认为治理对理解和指导我国社会治理变迁具有积极意义。

2.2.3 对治理理论的理论探讨和反思

部分论文作者对治理理论进行了较为深入的理论解析和探讨，为我们深入理解治理理论作出了一定贡献。

郁建兴的两篇论文——《治理理论的现代性与后现代性》和《治理：国家与市民社会关系理论的再出发》——分别从现代性与后现代性的角度、国家和市民社会关系的角度深入探讨了治理理论。前文通过对直接民主和间接民主、官僚制和后官僚制、全球治理和地方治理的审慎分析认为，治理是人类探求良好公共生活和政治秩序持久努力的延续，它本质上反映了现代性绝对主权的消解；治理理论体现了现代性与后现代性的某种交融；具有明显后现代倾向的治理理论既给人们带来了未来处理公共事务新的模式和新的希望，又可能带来一些新的问题[101]。后文认为，治理理论的兴起拓展了国家与市民社会关系的分析架构，它超越了自由主义与国家主义的传统对立，凸显了国家与市民社会之间实现正和博弈关系的可欲性和可行性，它是一种新型的国家与市民社会关系范式，但治理也存在失范和失效现象，治理研究亟须深入[102]。

孔繁斌也从理论层面深入反思了治理理论的兴起，他在《政治学知识的转向：治理理论与公共管理》一文中认为，从知识论的角度来看，治理理论是人类在寻求解决社会一致和有效性问题上做出的一次深刻的认识转折与制度突破，在一定意义上，近代以来的一切政治学知识都在这一框架下实现了新的整合，无论是在事实上还是在判断上，政治学知识体系都在悄悄地脱离统治这一核心，转向个人对公共事物的关心这一主题，由此导致现代政治类型在三个维度上发生重大转向：从高级政治向低级政治变迁，从暴力政治向规劝政治变迁，从等级政治向复合政治变迁[103]。在《治理对话统治——一个政治发展范式的阐释》一文中，孔繁斌认为，治理话语抵抗政治学知识中统治的独霸地位，以网络治理为核心拓展了民主自治思想并以宪政改革作为价值实现的保护带，成为民主统治之后政治学知识再生产的新选择和政治发展新范式[104]。

唐娟的专著《政府治理论：公共物品供给模式及其变迁考察》从国家与社会关系的视野，把公共物品的供给主体分为四种：权威型供给模式、商业型供给模式、志愿型供给模式、自主型供给模式，并对每一种模式的理论基础、经验性发展、运行机制进行了理论探讨和评价。唐娟认为："自代表公共权威的政府产生以来，在公共事务发展的历史和现实中，虽然存在政府、社会和市场三种治理机制，但他们都是政府治理框架的构成部分，统属于政府治理的范畴，是政府在处理公共事务时的制度设计和选择，尤其在现代民族国家形态下，政府对社会事务的渗透和控制空前强化，运用社会和市场机制治理公共事务从实质上看只是政府治理公共事务的方式和工具。"[105]

曹任何的博士论文《治理的兴起与政府合法性重建》，用了较大的篇幅专门从合法性角度解读了治理理论的兴起。曹任何认为，治理不过是西方政府与政治学学者为应对信息化时代政府的合法性危机而采用的一套新的理论说辞与政治实践措施，因为治理对公共物品与服务供给的效能和民主方式的追求，与政府合法性建构的效能原则和民主原则完全契合[106]。

针对治理理论的比较重要的反思性文章包括：杨雪冬的《治理的制度基础》；刘建军的《治理缓行：跳出国家权力回归社会的陷阱》；李春成的《治理：社会自主治理还是政府治理?》；李锋的《治理：工具理性还是价值理性?》；臧志军的《"治理"：乌托邦还是现实?》；笪素林的《社会治理与公共精神》；李瑞昌的《论公共治理的技术与价值的矛盾》。这些反思性论文都意识到同一个问题：来自于西方的治理理论是基于西方社会发展脉络和社会发展阶段的产物，而中国亦有自身社会发展脉络和社会发展阶段的独特性，不能盲目照搬。

2.2.4　治理理论本土转化的努力

少数几位学者探讨了将治理理论本土化的问题。

刘银喜在《政府治理理论的兴起及其中国化》一文中提出了中国化的问题，认为“吸取西方国家政府治理的成功经验，提出新的治理思路并提炼出一些适合中国的治理理念，这既是对中国当前面临问题的回应也是对政府治理理论的充实和完善”，但刘银喜并没有进一步探索如何转化[107]。

孔繁斌在《治理与善治制度移植：中国选择的逻辑》一文中认为，“西方治理与善治制度的实践是对公共领域的危机或民主政治衰败做出的拯救性回应。但仍然是以发达的政府—市场制度为社会基础，在西方社会中作为治理与善治拯救对象的政府失败和市场失败在中国还是一个虚拟问题，因为从规范意义上来看，作为现代社会有效地解决群体生活一致性问题的‘政府一市场’制度在中国还有待建立，或者中国目前还处于模拟市场制度及其所需的其他制度的阶段”；并认为治理和善治制度在意识形态上比较中立，只要选择得当，完全可以推进中国公共治理的制度进步。孔繁斌结合中国国情，提出了“通过政府制度重构推动政治制度二次正当性创新”的观点[80]。

在概念转化的努力中，最有代表性的是徐勇。在《治理转型与竞争——合作主义》一文中，他认为治理是当今学术界新拓展的论域，但学界对这一语汇缺乏深入的、特别是以中国为主位的理论分析。《治理转型与竞争—合作主义》分别从西方社会和中国不同的历史进程和语境考察了治理的涵义和治理的转型，分析了由于治理转型带来的权力分化和整合，主张以竞争—合作主义的理念分析和处理权力分化和整合问题，重新塑造政府与社会的关系，并以此对中国正在兴起的村民自治、社区居民自治、民间组织及国家与社会的互动提供理论解释模型和分析框架[83]。

在实际应用的本土转化努力中，最具有代表性的学者是燕继荣和俞可平。燕继荣抛弃了政府—市场—社会的经典分析范式，而是从中国实际出发，从“治民（社会治理）—治政（政府治理）—治党（政党治理）”三条线路出发分析中国的治理转型，代表了一种分析范式的本土探索和转化[1]。俞可平则在西方制定的诸多治理评估指标体系基础上结合中国实际发展出一套具有明显中国特色的治理评估框架，为更好地评估和把握中国的治理转型提供了一个参照系[108]。详见表 2.2。

表 2.2 中国治理评估框架

Table 2.2 The criterion system of China's governance evaluation

治理目标（评估维度）	重点领域或主要关注点
公民参与	选举法规；直接选举的范围；竞争性选举的程度；村民自治；居民自治；职工代表大会的作用；重大决策的公众听证和协商；社会组织或民间组织的状况；社会组织的制度环境；社会组织对国家政治生活的影响；公民利用网络和手机参与公共生活的情况
人权与公民权	法律对公民权利的保护；公民法定权利的实现程度；妇女、儿童、贫困居民等弱势群体的权利保护；对少数派和不同意见者的保护和宽容；公民和官员的人权意识；公民合法的游行示威；公民的自我保护能力；公民的维权；对公民的法律救助
党内民主	党内选举、决策和监督法规；各级党委领导人的产生方式；党委推荐和任用干部的民主程度；党代会的作用；党委的决策和议事程序；党内的权力监督；党务公开的程度；党代表的直接选举；执政党与其他民主党派的协商
法　治	国家的立法状况；宪法和法律的权威；党和政府的依法执政、依法行政程度；公民和官员对法律的了解和尊重；法律在实际政治生活中的作用；立法活动和司法活动的自主性和权威性；律师的作用；官员和公民的法律意识；政府政策的法律审查；司法审判的执行情况
合法性	公民对宪法的认同；公民对党和政府的认同；法律的权威和适用性；党和政府的权威；公民对基层政府的信任；公民对周围官员的信任程度；公民对政治现状的满意程度；公民对主流意识形态的认可；公民对国家发展前景的态度
社会公正	基尼系数；恩格尔系数；城乡差别；地区发展差别；教育公平程度；医疗保健公平程度；就业公平程度；党政干部中女性的比例；党政官员的代表性；人大代表和政协委员的代表性；基本公共服务均等化程度
社会稳定	政府对突发事件的处置能力；公民的社会安全感；政策的延续性；社会治安状况；通货膨胀率；民族区域的冲突事件；群体性事件的数量；上访数量及比例；家庭暴力；公共暴力

续表 2.2

治理目标（评估维度）	重点领域或主要关注点
政务公开	政务公开的法规及效果；政治传播渠道的数量和质量；决策过程的公开化程度；行政机关、法院、检察院等活动的公开化制度；公民对政治事务的了解程度；新闻媒体的自主性；公民获取政治信息的权利和渠道；党政干部的收入及财产申报及其真实和透明情况
行政效益	政府的行政成本；党政干部的行政能力；政府的行政效能；党政机关的协调程度；决策失误的概率；公共项目的投入产出率；电子政务；政府的快速反应和处事能力；公民对政府决策和处事效率的满意程度
政府责任	官员对其行为的负责程度；对渎职官员的惩罚；官员与公民的沟通渠道；官员对公民意见的尊重；党和政府接收和处理公民诉求的机制；党和政府的决策咨询机制；政策反馈及决策部门对政策的修订情况；政策反映或代表公民要求的程度；公民意见对政府决策的影响；行政诉讼的数量及后果
公共服务	政府预算公共服务支出的比例；基本社会保障的状况；九年制义务教育普及率；基本医疗保险覆盖率；政府对生活困难者的帮助；政府一站式服务的普及率；国家提供公共基础设施的力度；公民对政府服务的满意程度；政府的生态治理及其效果
廉　政	廉政法规及其效果；腐败官员的数量及惩处；对政府及党政干部的经济审计；公共预算监督；权力的相互制约；公民对政府权力的制约；新闻舆论监督；公众举报等社会监督；党和政府的自律

资料来源：俞可平．中国治理评估框架［J］．经济社会体制比较，2008，6：1-9．

2.2.5　对国内治理研究的总体评价

第一，国内对治理理论的研究，一般性的引介和缺乏深入反思的应用较多，深入的理论反思和探讨较少，但是发展趋势是更多的反思和更多的转化。在笔者所收集的 58 篇治理相关文献中，可以归入“引介”类的有 20 篇，占总数的 34%；可以归入“应用”类的有 18 篇，占总数的 31%；两类合起来有 38 篇，占总数的 65%。而可以归入“对治理理论的理论探讨和反思”“将治理理论本土转化的努力”两类的只有 17 篇（个别文献有重复），占总数的 29%。两相对比，对治理理论深入的理论反思和探讨明显偏少[①]。

第二，一般性的提出规范性建议的较多，具体深入的探讨“本土事实”与“本土过程”的较少。在具体应用治理理论分析中国时，大多数学者都根据所分析的问题提出了相应的规范性建议；但这些规范性建议更多是出于对治理理念的呼应，而缺乏对“本土事实”以及“本土过程”的深入分析和把握，对于“应然状态”与“实然状态”之间转变过程的分析明显不足，即使有也不够深入，从而使得所提规范性建议的深度、可行性大打折扣。

第三，一般性的注意治理理论较多，真正深入探讨分析中西异同、发达国家和发展中国家异同并作建设性理论转化的较少。几乎所有的文献在介绍、应用、反思治理理论时都明确意识到了它本身的局限性，特别是将其应用到中国时的局限性，但是相对这种明确的意识而言，真正深入探讨分析中西社会之间、发达国家和发展中国家之间基本语境转换，并将治理理论作建设性转化使之成为更适于分析中国的理论工具的很少。笔者所见文献中，可归入此类的屈指可数。

第四，呈现两个不同的研究取向：公共物品供给取向与“治理转型”（公共秩序变革）取向。公共物品供给取向代表性的论著包括：唐娟的《政府治理论》，OECD 的《中国治理》，周义程的《公共服务供给主体选择的悖论及其消解策略》。在公共物品供给研究取向中，着重研究的是政府在“公共物品供给结构”中的恰当定位，即政府的有效性，很少涉及“政府有限性”问题，即政府的权力制约和监督问题。大多数有关治理的研究论著都包含明确的公共秩序变革取向，比较有代表性的作品包括：毛寿龙的《现代治道与治道变革》，燕继荣的《治民·治政·治党——中国政治发展战略解析》，徐勇的《治理转型与

① 未直接引用，但作为参考的文献还包括：赵景来．关于治理理论若干问题讨论综述［J］．世界经济与政治 2002（3）：75-81；魏涛．公共治理理论研究综述［J］．资料通讯 2006（7-8）：56-61；胡祥．近年来治理理论研究综述［J］．毛泽东邓小平理论研究，2005（3）：25-30；胡仙芝．从善政向善治的转变“治理理论与中国行政改革”研讨会综述［J］．中国行政管理 2001（9）：22-24．

竞争——合作主义》，杨雪冬的《论治理的制度基础》。公共秩序变革取向的治理研究，注重用治理的分析框架把握中国的社会治理转型，注重以公共治理为目标的平台建设和制度建设，注重政府的有效性，更注重对公共权力的规范，隐含着对过早提倡多中心合作治理的警惕和隐忧。

第五，对本土化分析框架的建构缺乏理论自觉。绝大多数研究者仍然停留在政府—市场—社会的分析框架内，虽然注意到中国的特殊性，但没有有意识地探讨并建构更有利于解释、把握、指导中国社会治理变迁的分析框架，从而妨碍了其理论影响力的发挥。对公共物品研究趋向而言，这似乎不是一个很大的问题，但对于公共秩序建设趋向而言，分析框架的制约作用似乎更大一些。燕继荣形成了一个较为适用的本土化分析框架，但是并未以之深入分析中国治理转型进程中的深层次问题。俞可平形成了具有中国特色的治理评估框架，但是也未深入探讨中国治理转型进程中的关键性问题。理论可以引进，但是社会发展的脉络、阶段和问题都是不可引进的，主要基于西方经验的治理理论想要对中国发展发挥更大的理论影响，就必须加强以本土为思考对象的理论反思和转化，并形成能够更有力的解释、把握和指导中国社会治理变迁的理论分析框架。

2.3 治理理论本土发展与转化的基本语境

"治理"虽然是一个很有启发性和借鉴意义的分析概念，但是由于中西方之间存在根本性差异，因而欲促进治理理论的本土发展和转化，使之成为一个有效的分析和研究视角，首先必须明确治理理论本土发展和转化的基本语境。

2.3.1 基于一般性中西比较的反思

（1）治理所处社会发展脉络不同

在西方社会发展脉络中，"治理"是先后经历市场失灵、政府失灵之后探索走出双重失灵困境的一种努力。1929 年的经济危机凸现了自发性市场秩序的内在不足，是为"市场失灵"；为应对市场失灵，凯恩斯式的政府干预遂大行其道，以政府干预弥补市场的内在不足，但进入 20 世纪 70 年代以来，经济发展的“滞胀”局面、官僚机构的扩张和低效等政府干预的负面效应逐渐显现，又使人认识到政府干预的内在不足，是为“政府失灵”。在这种社会发展脉络中，很大程度上，“治理”话语的兴起是走出市场和政府双重失灵的一种探索努力，尽管这种探索不一定很成功。对此，杰索普概括为，“愈来愈多的人热衷于以治理机制对付市场和（或）国家协调的失败”[76]；俞可平则明确指出：“就其直接原因而言，西方的政治学家和管理学家之所以提出治理概念，主张用治理替代统治，是他们在社会资源的配置中既看到了市场的失效，又看到了国家的失效。”[18]38-39

在中国的社会发展脉络中，“治理”话语为我国治理转型提供了一种有益的借鉴。中国社会正处于深刻全面的转型过程中，胡鞍钢将其概括为多重交织的转型：市场转型，由计划经济体制向市场经济体制的转型；政治转型，由全能政治向现代民主政治的转型；社会转型，由农业社会向工业社会、信息社会的转型，由乡村社会向城市社会的转型；开放转型，由封闭社会向开放社会的转型[109]。在这种全面而深刻的转型过程中，主要不是西方意义的“市场失灵”问题，而是市场机制不到位、不健全、被扭曲的问题；主要不是西方意义的“政府失灵”问题，而是权力规范不够、公共服务型政府建设还不到位的问题。因此，在这种发展脉络中，“治理”话语的生命力不在于弥补“政府失灵”或“市场失灵”，而首先在于建设地促进政府—市场的健康发育和发育过程中的良性循环互动。正如秦晖所言：“西方的第三部门是要克服现代社会中的‘政府失灵’与‘市场失灵’，具体地讲，就是‘民主制福利国家失灵’与‘规范竞争的市场失灵’。……而在中国问题也许在于‘福利国家’还不够，‘自由市场’还不够，因此，中国的第三部门一方面当然要认识到市场逻辑与政府逻辑本身的局限性，并有针对性地克服我们特定的‘政府失灵’及‘市场失灵’，但另一方面，也要认识到‘政府有效’与‘市场有效’，并积极地配合第一、第二部门中争取有效政府与有效市场的努力——而这，是西方的第三部门完全不必操心的。”[110]

（2）治理立基的社会结构不同

经过几百年的发展，西方发达国家已经形成比较合理的社会结构，即以“两头小、中间大”的中产阶级为主体的“菱形”（或“橄榄形”）社会结构。以美国社会结构为例，美国的中产阶级劳动力大约占社会总劳动力的40%，虽然出现一些新的变化，但这种社会结构并没有根本改变，“发达国家的社会结构目前仍然是橄榄形的，其社会仍是以中产阶级为主要基石”[111]。这种社会结构有利于社会稳定，也有利于“治理”的形成和健康运行。

而中国社会目前是一个“金字塔形”社会结构。孙立平认为：“自90年代以来，一个拥有社会中大部分资产的强势群体已经成形。构成这个强势群体的，有三个基本组成部分，即经济精英、政治精英和知识精英。而在整个90年代，则是这三部分精英形成共识和建构联盟的时期。[112]”弱势群体主要由三部分人构成：“除了部分富裕农民之外的贫困农民、进入城市的农民工和城市中的失业下岗工人。这三部分人几乎构成了中国人口的绝大多数。”[112]陆学艺主持的大规模社会调查也基本证实了孙立平的观点[113]。中国现阶段的社会结构不利于社会稳定，也不利于“治理”的形成和健康运行。

（3）治理的发育过程不同

治理依赖政府与市场和第三部门的良好合作，在西方社会是一个历时性的次序发育的漫长过程。“对于西方国家来说，经过三四百年的积累，国家、市场和社会（‘第三部门’）均先后发育起来，三者之间彼此的分工和相互支持、合作的良性态势基本上形成。而对于广大发展中国家来说，要达到这个境界，还有漫长的路要走。”[114]

而在中国，这三者的发育是一个共时性的过程，我们面对的情况是，现代政府的培育和建设仍然存在诸多不足。这不仅带来了发展中国家特有的“转型两难”问题——“政治变革导致传统权威的合法性危机，进而引发社会结构的解体和普遍的失范，作为对这种失序状态的回应，政治结构往往向传统回归，而这又使政治结构的转型胎死腹中。这种历史上出现的两极徘徊在当代则演变为‘一放就乱，一乱就统，一统就死’的恶性循环。”[115]而且也带来我们所特有的担忧。“我们希望精简政府的职能，但我们担心谁能真正代替政府去承担这些社会职能；我们希望有更多的社会力量承担日益加剧的社会管理成本，但是我们也担心对这些组织化的社会力量的控制能力；我们希望培育一些适当的、可控的社会组织去代行社会化的公共管理职能，但是传统机关思维构成的工作作风实际上并不能够给我们提供我们所期待的助益；我们希望解脱对于庞大的国有企事业的直接操控模式，但是现在所得到的任何一种解脱之道都很难得到所有方面的认可或在操作中避免走形；各种渠道给予我们的新的管理知识要求我们寻求更为开明的工作之道，但我们的体制安全感仍要求我们固守某些刻板的意识形态教条；我们需要更多的、真正能在公共部门中负起责任来的专家型管理者，但是能干的管理者往往在他的地盘上建立起控制力较强的专有资产体系，从而危及到监督者及公众对他的控制。”[116]

(4) 治理运行平台的不同

现代治理的健康运行需要以发达的公民社会作为社会平台，以成熟的宪政制度体系作为制度平台；“没有一个健全和发达的公民社会，就不可能有真正的善治”[68]，没有成熟的宪政制度体系作为制度保障，政府与社会合作很容易演变成为政府操纵社会，政府与市场合作很容易沦落为官商勾结。

“治理”话语在西方社会的兴起和实践是以西方社会高度发达成熟的公民社会为现实基础的，是以其健全成熟的宪政制度体系为保障的。而公民社会仍然处于发育之中，既不成熟也不规范，而且面临很多制度、文化的障碍[2]。迄今为止，公民社会的发育、运作仍然牢牢控制在党和政府手中[117]。至于宪政制度建设，不仅现存宪法在文本上存在很大缺陷[118-120]，而且实政制度建设即使在现宪法框架内，仍然有很大的挖掘空间[121-122]。换言之，现代治理健康运行所需的基本社会与制度平台在中国仍然是一个有待于发展的事实，而且不会速成。

(5) 治理面对的问题集不同

在西方社会，“治理”的兴起是为了更好地解决“政府失灵”和“市场失灵”带来的公共产品供给的效率和官僚主义问题，因而追求公共产品供给的效能和公共产品供给过程中的民主参与是其主要内容[106]。而对中国而言，不仅面临公共产品供给的效能问题和公共产品供给过程中的民主参与问题，更面临更为严峻的政治和社会整合问题、改革的攻坚问题、发展的可持续性问题、国家安全和统一问题、人口和就业问题、社会道德败坏问题、系统性的腐败问题，等等。就这些问题的解决而言，首先需要的是一个能够维持政治和社会整合的政府，公共物品供给的效能和民主化是追求的目标，但是在价值排序上却不可能是第一位的目标。换言之，即使治理理论能较好地满足西方社会的实践需要，能解决西方社会所面临的问题，由于"问题集"的转换，也未必能够满足我国的实践需要、较好地解决我们的问题；假如治理理论不能很好地解决我们所面临的问题的话，那么或者它需要本土化改造以适应中国社会发展需要，或者作为一种理论在中国失去生命力。

（6）治理主体（国民）的政治理性化程度不同

在治理理念中，全部国民都是可能的治理主体；作为治理的参与主体，要求理性、建设性、合作性地参与到社会治理事业中去。在西方社会，由于文化传统以及路径依赖等因素，国民的政治理性化程度较高，能够理性、建设性、合作性地参与到治理事业中去。而在中国，政治理性化的历史传统和现实土壤都比较匮乏。非理性政治传统根基深厚，贫富差距的拉大、弥散性的腐败等因素导致纵向对比产生的心理失衡和横向对比产生的心理失衡广泛存在，以至于有的学者说，由于比较严重的腐败、社会收入差距过大、失去土地的农民数量增加、城镇下岗失业工人难以消化、大学生失业率增加等原因的复合交织，中国社会底层酝酿着一种暴戾之气[123]。情绪是不讲理的，只要情绪的累积达到了一定程度，它就自发地寻求发泄渠道，如果不予以有力有效的引导、消解和转化，这种社会情绪的酝酿和积累能够冲垮最坚固的堤防；而非制度化生存现状[112]7、非制度化参与传统[124]、社会运动体制化的缺失[125]都会使本意促进"善治"的诸多措施带来秩序和整合的隐忧。

2.3.2 文化冲突视野下的治理转型

（1）治理的三种文化传统并存交织

在中国，传统也是复数；没有单一的传统，只有传统的冲突和融合，转型期的中国尤其如此。现阶段中国至少有三种迥然不同的文化传统同时并存交织，相互冲突，相互融合，并深刻影响着精英和普通民众对治理转型的思考和行动。

其一，皇权专制—差序格局的中华治理传统。皇权专制—差序格局的中华治理传统已经在中国绵延沉淀了两千多年，这种治理传统主要特征包括：官本位的支配性价值理念[126]；差序格局的思维和生活方式[127]；强权哲学和犬儒哲学互补，儒表之下的法道互补，大共同体本位[128]；游民文化、权谋文化、暴力文化不仅发达而且影响深远，愚君传统与愚民传统、“暴民乱治”传统与“暴君专制”传统、官僚统治传统与民众造反传统同样发达且两者相互转化、恶性互补[129-130]，等等。皇权专制—差序格局的中华治理传统在很大程度上已经渗透进国人血液，成为一种根深蒂固的习性和思维方式，迄今仍然最深刻地影响着普通中国人的生活，见表 2.3。

表 2.3　　中国的皇权专制—差序格局传统

Table2.3　　The Chinese tradition of monarch despotism and differential order

	官民关系	民间关系
和平时期	发达的“主子文化”与发达的“奴才文化”互补；钻营与忍耐互补；权谋文化与忠孝文化互补；阳儒阴法	差序格局
动荡时期	游民文化、暴民乱治、权谋文化、造反文化占支配地位	弱肉强食；强权哲学和犬儒哲学互补

其二，全能社会主义治理传统。新中国成立以来，随着计划经济体系①的迅速建立，社会的全面单位化，以及强有力的思想改造和灌输，借助现代组织技术把管子“利出一孔”的控制思想发展到极端，中国式的全能社会主义迅速形成一种新的治理传统。这种新的治理传统有：包括思想控制、生活资料控制在内的全面人身控制；在意识上强调思想政治教育，特别是思想的控制和改造；注重社会动员，以运动的方式解决问题，

① 根据秦晖的辨析，中国的计划经济更多是命令经济，行政支配色彩远大于科学理性色彩，而非苏联式严格的理性计划经济，一个知识上的典型例证是，在 20 世纪六七十年代，在苏联数理经济学占绝对统治地位，而在中国仍然是政治经济学原理的天下。参见：秦晖，金雁．十年沧桑：东欧诸国的经济社会转轨与思想变迁［M］．上海：上海三联书店，2004。

包括经济建设问题；社会生活的全面计划性强化了行政本位和“领导本位”；在符号上，形成一套治理话语。改革开放30年来，这种全能的社会主义治理传统影响在逐步削弱，但在社会运行中依然随处可见，特别是在中老年人（而这些是掌握社会政治、文化、经济资源的精英）身上，影响依然很大。

其三，宪政治理传统。西风东渐以来，现代政治文明逐渐在中国壮大声音、扩大话语影响力，特别是改革开放以来，随着全方位、多层次、宽领域的对外和对内开放以及市场经济的发展，以宪政为核心的现代政治文明在中国的话语影响力迅速扩张，日益深刻地影响着中国的改革和发展。自由、平等、参与、权力监督、权利保护等现代社会的基本价值理念和话语蔚然成风，成为一种发展趋势。

这三种迥然不同的文化传统在当今社会并存交织，形成一种社会性文化冲突和矛盾。由社会性到个体性，文化冲突往往在同一个人身上同时并存交织，形成内在的文化冲突和矛盾，这种内在的文化冲突一方面在给个体带来困惑，另一方面也由于国人所特有的实用理性，基于不同文化理念的思维和行为方式随个体所处位置、处境的转换而自然转换并丝毫感觉不到矛盾，于是，“内化”又转化为“外化”，个体性矛盾又转化为社会性矛盾。

（2）三种传统的关系

如果从价值理念、知识话语体系、思维惯性与行为习惯、发展趋势四个方面比较三种传统的关系，可以发现，三种传统错综交织，在不同的层面上，影响力也迥然不同。

在正式价值理念层面上，宪政传统不仅是西方的，亦代表现代的，具有话语的正当性；相反，皇权专制—差序格局的中华治理传统、全能传统至少在正式价值理念层次基本已经失去话语正当性，虽然仍有一部分坚定的辩护和支持者。

在知识话语体系方面，与皇权专制—差序格局的中华治理传统、全能传统比较，宪政传统不仅是一种文化价值理念，也是具有严谨理论基础的知识体系。宪政传统在现阶段的优势也不仅体现在文化价值理念方面，也体现在理论和知识方面。但它也有很致命并经常被攻击的软肋，作为一种依托于西方传统成长起来的“现代”，它能否在剥离西方时代和地域的特殊性后与中国国情创造性地结合，在理论和实践上转化为“中国的现代”，仍然缺乏理论的努力和实践的检验。

作为一种思维惯性和行为习惯，在实际运作层面上，却正好相反，皇权专制—差序格局的中华治理传统、全能的社会主义治理传统文化根基深厚，宪政传统作为舶来话语根基浅薄；经常发生的情况是，不是后者改造前者的，而是前者扭曲和利用后者，成为后者的掩饰和装潢。

在发展趋势上，宪政传统代表未来，会越来越强势，只有以之改造皇权专制—差序格局的中华治理传统、全能的社会主义治理传统，并以之为主体，皇权专制—差序格局的中华治理传统、全能的社会主义治理传统才有可能建设性地发挥补充作用，所谓“西体中用”[131]“西儒会融”[128]。现在，由于多方面因素，这种以根本性制度突破为基础的文化清算和文化超越还远远没有完成，“西体中用”“西儒会融”仍然仅仅是一种愿望和可能的趋势。

2.3.3　基于社会转型的反思

社会转型在很长一段时期内是我国基本的国情之一，这也是治理理论和实践探索的基本出发点。下面将从环境、问题和任务三个方面分析社会转型对治理理论和实践探索的影响。

(1) 社会转型面临潜在的治理危机

改革开放 30 年来，中国的社会转型每天都在推动新的进步：一方面，经济持续高速发展，人们生活水平得到普遍而长足的提高，综合国力不断增强，人们的教育水平、公民意识、权利观念不断增强。另一方面，“中国社会转型每天都在制造新的社会矛盾，并因此而催生集体性抗议活动”[132]，如某些政府官员和其他特权阶层的腐败、贫富分化和底层民众的相对贫困、以教育医疗住房为代表的沉重的民生压力、失地农民的不满、环境污染、公共健康危机，等等。“从 1990 年初以来，‘社会抗争’以几何级数增长。‘社会抗争’在不同的历史时期有着不同的原因：20 世纪 90 年代中期前后，有 30％的社会抗争事件是因为企业改制过程中的职工工资、退休金、养老金、医疗保险等不到位引发的；到了21世纪初，由于‘经营城市’和农村中的土地征用高潮，从2003年到2005年，‘社会抗争’事件急剧增加，65%是由土地征用和房屋拆迁引起的，失地农民多达4000多万。但是，很多‘群体性事件’并非因民生或经济利益而起，而是因为民众中存在不满情绪一个偶然的事件而诱发的暴力活动。”[133]这从一个侧面说明了问题的严重性。因此，无论进步还是矛盾，现行的制度体系都面临着沉重的环境压力，在某种意义上，“改革与革命、解决问题的速度与问题发展的速度在赛跑”[67]，如果不能顺应潮流、审时度势地转变制度体系，实现控制向疏导的转变，将社会运动体制化[132]，一旦经济发展或其他方面出现问题，就很容易引起连锁反应，导致难以控制的社会动荡。

（2）社会转型期治理的优先问题是摆脱“转型两难”

环境决定问题。假如说，西方社会的问题在于市场和福利政府高度发达之后的“市场失灵”“政府失灵”的话，那么我们的问题在于政府没有到位、市场没有到位、公民社会发育也没有到位，三者是一个同时发育的过程，而不像西方社会是一个经过几百年的次第发育的过程；因而我们既不可能依靠一个高度成熟的政府去推动市场建设和公民社会发育，也不可能依靠健全的市场和成熟的公民社会去推动政府成熟或补充政府不足。如同双重失灵是西方发达国家的真问题一样，“转型两难”是我们面临的真问题，如何有效地消化面临的问题和矛盾、推进经济政治社会改革和发展，同时保持整体的社会整合、政治整合，化“转型两难”为政府、市场、社会发展的“良性互动”是中国社会转型期治理优先考虑的问题。

（3）社会转型期治理的优先任务是多元主体合作推动治理转型

问题决定任务。对于中国而言，现代治理的宪政平台远未建立，现阶段治理转型的主要内容是建立现代治理的宪政平台，因而，公共秩序变革取向的治理研究更具有时代意义。如果说西方治理的任务在于弥补政府和市场失灵，在于提高公共物品供给绩效和供给过程中的参与程度的话，那么，中国治理的首要任务是彻底推进政治和社会改革、消化严峻的政治和社会矛盾、为现代治理的健康运行奠定制度和社会基础，而这作为一个持续的过程，不可能只是政府自身的任务，需要以政府为首的多元主体的合作和共同努力。简言之，在社会转型期的中国，制度优先于绩效，多元主体合作推动治理转型优先于多元主体合作优化公共物品供给。

2.3.4 基于制度变迁的反思

中国社会转型时期治理变迁的重心是制度变迁①，对社会转型中的制度变迁而言，至少有以下几个方面是需要注意的。

（1）制度缺陷成为制约治理转型的“瓶颈”

现行制度体系存在结构性缺陷，对下一步的治理转型构成了最重要的瓶颈制约。现行制度体系存在结构性缺陷和结构性矛盾，包括权力与权力之间的基本关系没有理顺、权力—权利的互动机制扭曲、权利—权利之间发展不平衡，等等。其对治理转型的不利影响主要体现在两个方面。第一方面，现行制度体系难以支撑现代治理的健康运行，如同杨雪冬所言，缺乏一定制度基础的“治理”会导致很多公共管理问题[134]。第二方面，现行制度体系不利于治理转型，也不利于现代治理支撑因素的健康发育，以公民社会的发育为例，俞可平等人的研究清楚地表明了公民社会发育的制度障碍[2]。

（2）制度与制度本土社会—文化根基的非同步发展

中国的制度变迁要求宪政制度与宪政制度的本土社会—文化根基②的相应发展。西方宪政制度的健康运转是以发达的公民社会、自由民主法治等根深蒂固的社会观念为根基的，缺乏这些社会—文化根基，制度将成为无源之水、无本之木。制度变迁的目的是制度的健康运转，而缺乏社会—文化根基支撑的制度难以避免在现实运行中的扭曲变形，中国 20 世纪初期的宪

---

① 将制度变迁从社会转型中单独拿出来不仅是一种强调，也包含着这样一种认识，对于英美国家从传统到现代的社会转型而言，并不包含宪政制度体系的根本变革，因为英国在光荣革命之后工业革命之前、美国在建国时基本宪政制度体系已经建立，英国工业革命带来的社会转型、美国 19 世纪末 20 世纪初的社会转型仅仅是对原宪政制度体系的完善和扩展。

② 制度的本土化根基说法受马长山的启发，不过笔者在马长山提的“法治的本土化根基”上进行了拓展。参见：马长山．国家、市民社会与法治［M］．北京：商务印书馆，2002。

政实践、菲律宾的政治实践都从反面告诉我们制度决定论的肤浅。由于中国独特的国情，制度突破的任务艰巨，制度的社会—文化根基建设的任务更加艰巨，但这是无法回避的。

(3) 不同阶层对制度变迁的影响力不均衡

制度变迁过程中，制度（政策）影响力高度不均衡。我国目前的社会阶级—阶层结构是“▲”结构，而不是“◆”结构，这就意味着在我国现阶段，精英阶层是少数，中间阶层也大大发育不足，中下层占绝对多数。由于与权力中心的关系、组织水平等因素，这种社会结构进一步转换到制度（政策）影响能力上，差距更大。首先需要注意的是社会精英集团对制度（政策）的影响过大。“十几年的改革过程中出现了一个掌握文化资本、政治资本和经济资本的总体性资本精英集团”，“目前尤其应当注意的是总体性资本对政治和社会决策的影响和左右。总体性资本的精英集团虽然人数很少，但对于社会决策的影响力颇大。因为，这个集团同时占有政治、经济和权力资源。总体性资本影响决策是对于中间层参与决策的最大的威胁。”[135]其次，社会中间层虽然快速发育，但是制度（政策）影响能力很低，因为中间阶层是一个很松散的集合[136]。最后，庞大的中下阶层对于公共政策制定影响力更弱。时间维度上，我国治理模式正处于过渡转型时期；在空间维度上，不同的阶级—阶层对制度（政策）影响能力的差异又这样巨大。这就意味着现阶段对公共政策制定的影响将深刻影响社会发展方向，强势利益集团可以利用自己在现行政治结构中的优势推行对己有利的政策、型塑对己有利的未来的治理结构。

(4) 制度变迁将是一个长期过程

首先，制度变迁的意愿不足，由于潜在的风险、既得利益的阻碍等原因，制度变迁意愿以及相应的识见、魄力和艺术是稀缺资源。其次，制度建设能力的普遍不足制约了制度变迁的进度。制度能力，就是促进和维护良制，以及娴熟的运用制度（而不是越过和破坏制度）解决问题的能力。由于文化传统等方面的原因，我国各级领导包括普通民众的制度能力普遍较为薄弱，善于通过非制度手段解决问题，而拙于运用制度化手段。制度能力的不足必然加大包括时间在内的制度探索成本和代价。

最后，现代制度社会—文化本土根基的建设将是一个较长期的过程，如奥格本所言的“文化堕距”一样，虽然就现阶段而言，制度是主要障碍，但是制度突破还是可能在短时期内完成的，但支撑制度的本土社会—文化根基的建设却不可能一蹴而就，这也意味着，即使在制度突破完成之后，制度体系的完善和健康运行还将需要时间，而在此时间内的扭曲、变形将是经常的，但这并不能成为否定制度的理由。

2.3.5　四种因素的交织：治理理论本土发展的基本语境

以上四种因素对治理运行和治理转型的影响同时存在，而且错综复杂地相互交织在一起，或者相互支持，或者相互抵牾冲突。中西差异、文化冲突、社会转型期严峻的稳定问题不仅增加了制度变革的难度，也给制度变革的反对者以现实理由；现行制度体系的缺陷有利于皇权专制—差序格局的中华治理传统、全能治理传统的顽强生存，不利于宪政传统的发展壮大，也无助于社会转型期矛盾的有效化解；社会转型中潜在治理危机亟需制度变革的突破，将社会运动制度化以有力消解各种社会矛盾和冲突，并促进现代治理制度本土社会—文化根基的发育，但过快的制度化又会因缺乏社会—文化根基匹配而导致扭曲变形甚至动荡混乱；没有一定的社会动员难以突破既定利益障碍、完成制度突破，一旦放开社会动员又怕引起连锁反应导致社会动荡，欲速则不达；即使在同一个体身上，也经常会自相矛盾，若处于弱者位置，则强调权利（实际上只是一个工具，对权利缺乏真正信仰），处于强者位置，则毫无心理障碍的转而融入专制—差序格局传统、全能传统，娴熟的运用手中权力玩弄权利。

对于中国的治理和治理转型而言，我们所面临的问题、解决问题的环境，我们的起点、过程、目标的状态设定，都截然不同于西方社会，至少同时受这四种错综复杂的因素影响；这意味着来自西方的治理理论和实践经验不能简单地直接应用于我国治理实践，它的意义更多在于启发我们思考。

2.4 促进治理理论的本土发展

2.4.1 建设性补充政治发展、行政发展研究的不足

（1）政治发展研究途径与行政发展研究途径的不足

政治发展与行政发展是国内学术界认识公共秩序安排和公共秩序变迁的最主要的两种研究途径，但两种研究途径均存在一定的不足。

第一，政治发展途径。政治发展是指政治关系和政治机构的变革和调整[137]。从政治发展角度出发来理解整体的公共秩序变迁是应用最多、最广泛的一条途径。该路径的理论局限性：容易简单的以西方现有价值理念和制度范式为参照标准，迷信抽象的自由民主等理念，忘记现代政治的出发点是维护公共秩序、提供公共服务；容易陷入制度决定论，有意无意地夸大制度的作用；虽然把政治文化纳入到了思考视野，但是对制度的社会性基础的考虑仍然不够宽广，容易忽略非政治公共领域的研究；在改革和发展路径上，或者过于强调政治精英作用，或者过于强调民众作用。

第二，行政发展途径。行政发展，主要指行政机关在体制、价值目标、权力运作方式等方面的发展。行政发展途径的理论局限性：在中国社会治理模式整体性转型的过程中，行政发展视角有利于研究对象的具体化，但往往把视野聚焦在狭义的政府身上，假如研究者缺乏更开阔的宏观视野，往往也随之限制自己研究的深入和整体性，往往把改革和发展的视角也聚焦在政府身上，“政府改革作为一个系统工程，除了政府内部各职能部门、中央与地方等各层级间的配合之外，除了在决策、执行、监督等各个环节和方面的协调之外，还与市场经济体系的发育程度，与社会治理结构的形成及其完善程度，相互间有着密切的关联，彼此间形成互为牵制、互相作用、互相影响的错综复杂的关系”，“行政改革应该与公共治理结构变革的整体趋势相适应”[138]。

（2）建设性的补充政治发展、行政发展的研究途径

治理理论能够建设性地补充政治发展、行政发展研究途径存在的不足，帮助我们更好地认识中国公共秩序变迁的过程与模式。因为治理理论在哲学基础、研究范围、解决方法上都与两者有所不同。

第一，治理理论的哲学基础。政治发展、行政发展研究途径都是立足个人主义，以整体主义为补充的；治理理论立足合作主义，即不同治理主体间的共生、共建、共治：共生是生存基础的息息相连、命运与共，共建是过程上多主体合作推动治理转型健康发展，共治是理想状态的多主体合作维护公共秩序、提供公共服务。

第二，治理理论的研究范围。政治发展、行政发展途径都锁定在政治（国家）、行政的范围内，而治理的范围包含一切与人类如何更好的竞争—合作有关的事项，只要存在人与人的竞争—合作的地方，就存在治理；一个社会的公共秩序变迁是广泛的，不仅超出了行政领域，也超出了政治领域，例如俱乐部内部治理、具有普适性的罗伯特开会议事规则[139]、社区互助合作维护公共秩序提供公共产品和服务是否属于政治领域就存在很大争议，但毫无疑问地属于公共领域，是治理的分内之事，可以没有政治、没有行政、没有政府，但不能没有治理；在特定的发展阶段，政治发展、行政发展可能是公共秩序变迁的核心或重点，但绝不是公共秩序变迁的全部。治理理论在范围上有利于宏观结构把握和微观具体操作更有机地结合，可以从治理结构变革的视角俯瞰政治发展、行政发展，也可以具体地探讨一个社区的居民如何更好地通过竞争—合作来做好社区治理。

第三，治理理论的解决方法。与政治发展、行政发展研究途径比较，治理理论以公共事务—公共问题—公共利益为思考出发点，问题导向的色彩浓厚，包含了权力配置问题而又在一定程度上避免了政治敏感性；在理想的目的状态，以及改革和发展路径上更加强调政府与公众间、公众与公众间围绕公共事务—公共利益的合作互动；一定程度上，治理转型具有更强的业绩导向和技术性。

2.4.2 以治理理论为基础研究中国治理转型的立足点

首先，现阶段中国的治理转型实践和治理理论探索必须基于中西差异、文化冲突、社会转型、制度变迁等基本事实，这是我们的出发点和立足点。

其次，现阶段中国治理转型的主要内容是促进宪政发展，实现由传统治理向现代治理的转变，建立现代治理的基本平台。西方社会发展脉络、现实问题和解决问题的环境都决定了治理理论在西方社会的研究重心是更好更有效地提供公共产品和公共服务，正如唐娟所言，“政府治理从根本上说意味着供给公共物品和公共服务”[105]。而在中国，社会发展脉络、现实问题和解决问题的环境决定了未经本土转化的“治理”在中国首先是一种理解和把握我国社会治理变迁的理论工具，是其对中国“治理”变革的理论借鉴价值，至于其实践指导性却并非很高，正如杨雪冬所言：“对于许多发展中国家以及转型国家来说，急需解决的问题是现代社会政治秩序，然后才是发展多元、健康的公民社会和市场。……因此，不能像某些西方学者强调的那样，在这些社会中倡导‘没有政府的治理’，而应该充分发挥国家作为公共权力代表的核心作用，在有效地培育公共社会和市场的同时，逐步建立起现代社会政治秩序。”[140]

再次，对社会转型期的中国而言，过程的研究要比以“供给效率”为目的的供给体系最优化研究更有理论价值。过程的研究要求更多面向中西差异、文化冲突、社会转型、制度变迁的“进行性过程”，并为促进这些“进行性过程”的健康发展作出理论上的贡献。换言之，在很大程度上，至少在一段时期内，公共秩序建设取向将比公共物品供给取向更具有理论挑战性和实践应用性，因为前者是后者的基础，没有前者作为坚实基础的后者难以真正成为气候也难以健康运行，很可能沦为一种粉饰。

最后，本土治理研究要有效地解释这些问题，必须努力形成自己的理论分析框架。目前对治理的反思还不够，本土治理理论的建设尤其不够。针对迥异于西方社会的中国的事实，治理理论如果不能发展出更有解释力和指导力的理论分析框架，更有效地解释中国，并在此基础上形成有实践意义的指导性建议，治理就不可能在中国扎根并形成真正的理论影响力，治理就只能沦为中国改革和发展舞台上另一个昙花一现的理论过客，轻轻地来，轻轻地走，不能给中国的改革和发展留下什么影响。

小　结

西方发达国家的治理转型研究基本上基于政府—市场—社会的分析框架，这种分析框架的前提是：政党与政府—社会的关系已经得到比较规范成熟的解决；治理模式比较稳定成熟，提高公共物品供给的效率、促进公共物品供给过程的弹性和参与度是其治理转型研究的重点。因而政府—市场—社会的分析框架所蕴含的三种供给机制——官僚机制、商业机制、自愿—合作机制，所涉及的三种供给主体——政府、私人部门、非政府组织，均是围绕公共物品供给这一主题的。

在中国，两个前提都不具备：政党（中国共产党）与政府、社会的关系尚未完全理顺；就研究重点而言，前已述及，提高公共物品供给的效率，促进公共物品供给过程的弹性和参与度固然重要，但促进治理结构由传统向现代的良性发育，从制度上彻底理顺权利—权利、权利—权力、权力—权力的关系更为重要。相比政府—市场—社会的分析框架而言，“治民（社会治理）—治政（政府治理）—治党（政党治理）”分析框架，要比政府—市场—社会的分析框架更有利于从主体、发展脉络、相互关系上理解和把握中国治理转型的独特进程。所以，本书对中国治理转型的分析主要基于“治民（社会治理）—治政（政府治理）—治党（政党治理）”分析框架。

第 3 章　中国治理转型的过程与困境

本章将运用"治民（社会治理）—治政（政府治理）—治党（政党治理）"分析框架来分析我国自 1978 年以来的治理转型过程及其所遵循的治理转型模式。

3.1　中国治理转型的历史起点

治理转型的历史起点将从传统继承和结构继承两个方面论述改革之初治理转型的历史出发点。

3.1.1　贫瘠的传统继承

改革开放之初，在中国已经形成两种有影响的社会治理传统，皇权专制—差序格局的中华治理传统和全能社会主义治理传统，两种传统复杂的交织在一起深刻地影响着中国的改革和发展过程。改革之初，与这两种治理传统影响的深厚比较，治理的宪政传统极其薄弱，甚至于无①。但是，由于西方文明的强大和开放所增强的示范效应，治理的宪政传统具有话语的绝对优势，不仅代表了治理的现在，也代表了中国治理转型的未来。相对封闭时期，对比尚不明显，由封闭转向开放，皇权专制—差序格局的中华治理传统、全能社会主义治理传统无论在理论上还是在实践上都面临宪政传统的巨大冲击。另一方面，对于实践性的以宪政为主要内容的治理转型来说，中国的宪政传统

① 更严格地说，不是没有这种传统，而是新中国成立以前本来积累就很薄弱，新中国成立以后基本中断，经历数次运动批判和打击，更加薄弱。参见：张学仁，陈宁生. 20 世纪之中国宪政［M］. 武汉：武汉大学出版社，2002。

又极其薄弱，不仅在实际社会运行中难以匹敌皇权专制—差序格局的中华治理传统和全能社会主义治理传统的影响，而且在一段时期内也缺乏强大的政治社会力量的支撑，从而难以有力地推动宪政建设、支撑宪政运行。对于中国的治理转型而言，在模式上虽然不准备也难以照搬西方模式，但是在基本价值上是不能回避的。显然，我们在建立体现现代社会基本价值的中国现代治理模式的过程中，赖以促进和维持的相应传统是非常贫瘠的。

3.1.2 全能性的政治社会结构继承

邹谠把中国从1949年到1978年的政治社会结构归结为全能结构①，这种全能结构具有如下基本特征：政治上，实行高度集权的政策；经济上，实行计划经济；社会上，通过单位制和人民公社制度实行全面社会控制；文化上，高度意识形态化。横向上，文化与意识形态、社会、经济领域的领导和控制权集中于政治，政治的领导和控制权又高度集中于中国共产党；社会组织类型和组织方式简单划一，按照相同的模式建构和按照统一的方式运行，缺乏一定的分化；行政是贯通上下前后左右的贯穿性逻辑，整个社会是建立在层级的行政控制和行政性整合基础之上的；这种全能结构的核心是“全能型政党”，或者说，“全能国家”的背后是“全能型政党”②。

这种结构有效地应对了一个历史问题，即20世纪上半叶的国家整合问题，对内结束分裂，对外形成集中的力量维护国家独立；这种结构也有效地应对了一个现实发展问题，即在一个

---

① 参见：邹谠．二十世纪中国政治：从宏观历史与微观行动的角度看［M］．香港：牛津大学出版社（香港有限公司），1994；孙立平把其归结为“总体性社会”，参见：孙立平．转型与断裂：改革以来的中国社会结构变迁［M］．北京：清华大学出版社，2004；国外学者多归结为“极权主义社会”，三者侧重点不同，但在实质上有异曲同工之妙，本书采用邹谠的提法。

② 从这个意义上说，邹谠的概括有一定的偏差。“全能国家”的实质是“全能型政党”，对此，谢庆奎先生表达的很明确，参见：咸台灵．中国政党政府与市场［M］．北京：经济日报出版社，2002：113-114；谢庆奎．当代中国政府与政治［M］．北京：高等教育出版社，2003：9；施雪华也明确指出了邹谠的错误，参见：施雪华，孔凡义．当代中国执政党、国家、社会一体化及其原因［J］．云南行政学院学报，2006（4）：4-13。

被封锁的落后大国独立自主搞建设所涉及的一系列问题，特别是工业化的资金积累问题。从上述两个方面来讲，这种体制既具有一定的历史必然性，也具有一定的历史合理性，厥功甚伟，以今天为出发点（而不是以历史为出发点）盲目指责、全面否定显得很可笑。另一方面，之所以说是有效的应对而不是彻底的解决，是因为无论针对历史问题的应对还是针对现实问题的应对都仅仅具有短期合理性，存在根本性缺陷也是不可持续的解决方案。对整合问题的解决很大程度上是以牺牲个体的权利和创造活力作为代价的，解决了动员和有序性问题，但是没有解决权利、自由、创造活力和持续的发展动力问题；计划体制的安排，很大程度上为了整体的计划性而牺牲了市场机制所蕴含的活力和创造力。谢庆奎评价说："如果说全能主义政治在社会革命和社会动荡时期可以发挥积极的社会整合作用，那么在和平年代其作用大都是消极的。"[141]应对方案的历史局限性为未来的改革打下了伏笔。

无论这种结构合理与否，它是一套完整的自洽的治理体系，各个组成部件是相互依赖相互支撑的，一旦通过改革的方式改变了这个体系中某一部件的性质和运行，不仅容易破坏这套体系的自洽性运行，也因为新的替代性的自洽体系尚未完全形成和实现功能替代，而出现过渡期的混乱、冲突和矛盾。

3.2　中国治理转型的基本背景

治理转型的基本背景将把治理的转型和变革放到整体转型的大背景下，分析与治理转型（政党治理、政府治理与社会治理）和变革紧密关联的经济、社会、文化的转型和变革。

3.2.1　经济的转型和变革

经济的转型主要体现为一个计划经济向市场经济转轨的过程。经济转型和变革对治理转型的挑战主要包括以下几个方面。第一，市场经济的蓬勃发展对传统的全能机制及其适应性形成的根本性挑战：形成了新的全能控制机制无法有效控制大片领域，非国有经济已经占据国民经济的半壁江山，并成为经济持续增长的主要贡献者，但是传统的全能机制对其控制是相对薄弱的；依托于此的新兴社会新阶层已经形成一股庞大的社会力量，对传统的行政性整合机制的吸纳和整合能力形成巨大挑战；市场经济所要求和孕育的契约、平等、法治文化对全能整合机制形成制度和思想上的挑战。第二，由于全能结构缺乏现代意义的权力监督和制约机制，也缺乏现代意义上公共治理的深厚传统，在由计划经济向市场经济转轨，寻租机会增多，商业逻辑强势的情况下，对政党—政府的抗腐蚀能力形成巨大挑战。事实上，在个别地方和部门的“政府企业化”、“权力部门化”、“权力私有化”和“权力市场化”现象表明，商业逻辑至少在个别地方和部门已经部分取代公共逻辑成为支配性的逻辑，这也是以权谋私大面积腐败的根源。而严重的腐败很大程度上抵消了经济发展的政绩，降低了传统治理模式的合法性。第三，在社会氛围以及现代传媒的相互作用下，迅速膨胀的财富欲和消费欲望被四种因素放大得更为可怕：缺乏相应的商业理性、商业文化传统，通过自身很难迅速走向高层次的自我整合和良性循环；缺乏宗教传统，“耻感文化”一旦走出熟悉的圈子就很难发挥作用，内在良知和敬畏的制约较为薄弱；与有限的资源比较，欲望膨胀的速度远远超过资源承载能力和财富增长的速度，以农民为例，一方面未来50年中国农民数量将维持在8亿的较高水平，另一方面农民收入不可能大幅度提高，占人口大多数的农民的钱包注定长期羞涩[142]；大面积的腐败所造成的耳闻目睹的负面示范效应以及心理不平衡感。这些都对治理转型形成了巨大挑战。

3.2.2 社会转型和变革

社会转型和变革主要体现为传统乡村社会向现代都市社会、封闭社会向开放社会的转变。对外开放融入人类文明发展的主潮流加大了民主法治文明主流的影响和国外发达国家的示范效应，对内开放增加了民众对垄断、特权、腐败、不平等的感知和愤怒；新社会阶层形成并伴随着不断提升的政治参与要求；社会矛盾比较突出，激烈的社会矛盾预示着社会危机；碎片化的社会矛盾虽然形不成政治危机，但在意外危机时刻却可能形成共振；社会结构的定型先于治理结构定型，既得利益集团强有力地影响着治理转型的方向和进程[135]；缺乏共同的价值和组织基础，松散的中等收入阶层（中产阶级）在政治上、价值上四分五裂，难以成为稳定的中流砥柱，也难以主导治理结构的现代变革；社会流动幅度和规模的加大，现代传媒的普及，以及社会的都市化将使社会矛盾表现得更加集中和尖锐；在思想、价值、生活方式以及利益上，社会日趋多元化，对以行政控制为主的社会秩序形成有力挑战[143]。

3.2.3 文化转型和变革

所谓文化转型，是指由传统文化向现代文化的转型。文化的转型对治理转型形成巨大挑战。第一，转型期间三种文化传统并存交织，但没有一种文化传统能够占据主导地位。中华传统在新中国成立后经过历次改造的洗礼和宪政传统的冲击，精华残留无几且再生乏力，很多糟粕虽根基深厚，但难以代表未来也难登大雅之堂；宪政传统虽然代表未来，话语强势，但却因中西阻隔及本土根基的缺乏而显得“浮游无根”，更多成为一种社会实践运行的装饰，而非灵魂；全能的社会主义传统以及意识形态陷入日益强化、日益精致但影响力却日益衰退的怪圈，同经济的迅速发展和经济影响力的迅速扩张相比，在文化和意识形态上，中国仍然缺乏吸引力和影响力，这既不利于国内政治整合，也不利于国家软实力建设[144]。更加重要的是，与巨大的需求相比，文化和意识形态的创造力也明显不足，而这既不利于文化和意识形态自我超越，也不利于与西方进行平等的、建设性的文化和意识形态对话[145]。显然，这对治理的变革也是很致命的影响，因为这意味着治理转型指导思想、先进引导理念的混乱和自相矛盾。第二，拥有世界上别的国家难以匹敌的文化“富矿”，却没有形成超越性的新文化传统，核心文化价值的混乱和自相矛盾导致民众心灵阵地基本被消费主义文化为代表的世俗文化占据，对治理转型而言，这种无底线的“非制度化”和“分利型博弈”经常是破坏性有余，建设性不足。第三，一方面，借助现代的传媒技术和现代教化形式，传统的意识形态教育无孔不入而且日益精致，但却难掩实质影响力的衰退；

另一方面，现代治理亟需的现代公民教育支离破碎，空间狭小，且经常被扭曲；于是，空虚的内容霸占了丰满的形式，充盈的内容却被局限扭曲在斗室，政治教育最强化时代的倒影却是政治教育最匮乏的时代[147]。现代治理的形成需要强大的理念支撑，无论理念的缺失源于核心价值的缺失还是现代公民教育的缺失，缺乏理念支撑的治理转型只能是徒有其表。

总而言之，经济、社会、文化的转型对治理的转型提出了更高的要求，没有相应的治理转型，经济、社会、文化的转型难以持续良性地运行；另一方面，经济、社会、文化的转型已经对现阶段治理的能力与合法性提出了严峻的挑战，只有顺应整体社会转型的潮流，实现由传统治理向现代治理的转变，才能够从根本上消解治理危机，重铸治理合法性。某种程度上，治理转型的相对滞后已经阻碍了经济、社会、文化的顺利转型，成为制约整体社会转型的“瓶颈”。

3.3　中国治理转型的历史演进（1978—2008 年）

改革开放以来的治理转型大体上可以划分为三个阶段：1978—1991 年是治理转型初步探索阶段；1992—2002 年是以维护稳定为中心的阶段；2003 年至今，是治理转型的新探索阶段。

3.3.1　治理转型的初步探索阶段（1978—1991 年）

20 世纪 70 年代末期，全国都在对“文化大革命”进行反思，并表现出对全能政治社会结构进行改革的强烈要求和积极意愿，但是在改革的程度、节奏以及最终目标上存在巨大分歧。

治理转型伊始就存在根本性分歧。作为党的第二代中央领导集体的核心，邓小平同志 1980 年 8 月作了《党和国家领导制度的改革》的讲话，强调要对党和国家的领导体制进行改革[148]；但在此以前，邓小平 1979 年 3 月 30 日在党的理论工作务虚会上已经作了《坚持四项基本原则》的讲话，该讲话强调指出：要在中国实现四个现代化，必须在思想政治上坚持四项基本原则，即必须坚持社会主义道路，必须坚持无产阶级专政，必须坚持共产党的领导，必须坚持马列主义、毛泽东思想；其实际上为治理转型确立了一个根本前提。但是一部分知识分子和激进民主派人士却从对“文化大革命”的反思入手，彻底否定了新中国成立以来的历史，提出“第五个现代化”，鼓吹“要民主不要新的独裁”，这实质是要彻底否定党的领导，在政治上全盘西化。这种思想的分歧具体体现为坚持四项基本原则与资产阶级自由化的斗争，一直伴随20世纪80年代的治理转型和探索。

随着经济体制改革的全面展开和深入进行，政治体制的制约以及政治体制改革的必要性日益凸显，十二届三中全会到1989年6月十三届四中全会，党和政府在政治体制改革方面进行了一些有益的理论和实践探索。1986年邓小平同志20次谈话，9次以政治体制改革为主要内容，一方面强调政治体制改革要与经济体制改革相适应，另一方面强调政治体制改革必须具体化，要有总体设计和蓝图。1986年9月，成立中央政治体制改革研讨小组，开始酝酿和设计总体方案。1987年10月，十二届七中全会原则同意《政治体制改革总体设想》，决定写入十三大报告。十三大报告提出了政治体制改革的长远目标和短期目标，指出：“不进行政治体制改革，经济体制改革不可能最终取得成功。党中央认为，把政治体制改革提上全党日程的时机已经成熟。”报告从七个方面论述了政治体制改革的蓝图：实行党政分开；进一步下放权力；改革政府机构；改革干部人事制度；建立社会协商对话制度；完善社会主义民主政治的若干制度；加强社会主义法制建设。以十三大为标志，政治体制改革全面展开，在1989年6月十三届四中全会以前，涉及许多方面和领域。但是1989年以后，这种积极探索基本中止，工作重心转到强调稳定上来，“中国政治体制改革由‘攻坚战’转入了‘外围战’，整体上，使得政治体制改革明显滞后于经济体制改革”[14]。1989—1991年，基本上是一个徘徊和反思期，在此期间，以反“和平演变”和反对资产阶级自由化为旗帜，“左”的思想言论大幅回潮，否定改革开放的话语一时甚嚣尘上，很多领域的改革开放实质上处于停滞甚至倒退状态，治理转型领域很多积极的探索或者被搁置，或者干脆恢复到原来的做法。

应该说，以对“文化大革命”的理性反思和实践批判为契机，不同的治理主体（政党—政府—社会）在治理转型方面是有一定的合作可能性的，但是由于缺乏战略性共识，也由于缺乏经验以及较为浓厚的理想主义色彩，多主体合作推动治理结构持续变革的局面最终没有形成，非良性互动成为这一阶段的基本特征。1989 年的事件为 20 世纪 80 年代的非良性互动划上了一个悲剧性的句号并成为治理转型的一个转折点。

3.3.2 以维护稳定为中心的治理转型阶段（1992—2002 年）

以 1992 年初邓小平同志南方谈话为起点，中国的改革和发展进入一个新的阶段。这一阶段的突出特征是一方面经济改革大踏步前进，经济社会发展迅速；另一方面，由于治理转型的相对滞后，经济社会矛盾的积累也在加速、深化。

鉴于苏东剧变和 1989 年的教训，1992 年以后，激进和保守势力先后被边缘化[13]①，妥善处理好“稳定、改革和发展”的关系成为党和政府的基本共识。以此为基本指导思想：一方面，加快了经济体制改革的步伐，推动了经济的迅速发展，经济的迅速发展又带动了社会结构分化和社会转型；另一方面，高度重视政治和社会稳定问题，强化了政治和社会控制机制，同时对治理转型的探索也变得更加谨慎，甚至迟缓了。应当说，在一段时间内，这种做法有利于保持“稳定、改革和发展”的有机统一，但是由于保持稳定的方式不是建立在疏导而是建立在控制之上的，并没有较好地推动治理结构变革以适应经济社会发展的需要，因而快速的经济社会发展实际上进一步深化了 20 世纪 80 年代业已存在的治理结构与经济社会结构的矛盾。

精英共识和社会断裂。20 世纪 90 年代，“稳定、改革和发展”不仅成为体制内政治精英的共识，也成为体制内外政治精英、经济精英和知识精英的基本共识，但是精英群体与普通民众之间的鸿沟却日益拉大；拥有总体性资本的总体性精英涌现并开始有力地影响政策制定，影响政党—政府自主性，使改革

① 边缘化的原因和影响是不一样的，保守势力被边缘化是因为反市场、不利于经济发展，其边缘化客观上促进了经济改革的深入；激进势力被边缘化是因为被认为不利于政治稳定，其边缘化客观上放缓了政治改革的步伐。

朝对己有利的方向倾斜，“一种扭曲改革的机制开始形成”[135]；中产阶级略显雏形，大约6000万人的新社会阶层出现，但是并没有成为维护社会稳定、推动治理转型的中坚力量[49,51]；社会出现断裂，不同时代的社会成分及完全不同的社会诉求同时存在，而且相互之间缺乏有机联系和整合[135]；社会力量分化基本完成但社会力量格局高度不均衡，社会结构先于治理结构定型，必将会强有力地影响着治理转型的方向和进程[135]。

20世纪90年代的改革发展战略创造了两种完全不同的产物——经济社会的迅速发展、经济社会矛盾的加速积累，但两者都将深刻地影响治理转型进程；经济社会的发展为治理结构变革奠定基础，而矛盾的积累却对治理转型提出更为严峻的挑战。

3.3.3 治理转型新探索阶段（2003年至今）

2003年前后，科学发展观及建设社会主义和谐社会战略的提出和实施，是改革发展的一次重大战略转折。这个战略转折主要由两部分内容构成：第一，在坚持经济发展的同时，强调基本民生问题，有力地恢复社会公平，一定程度上较为有效地化解和缓和了20世纪90年代以来积累的一部分社会矛盾（特别是在农村），民生和社会公平是其战略重心；第二，稳妥地推进以行政体制改革、基层党内民主为主的治理转型，鼓励地方政府的治理转型和创新活动①。

这个战略转折有如下影响：有效地化解一部分社会矛盾，解决一部分社会问题，舒缓社会情绪，促进社会理性，防止社会矛盾向政治矛盾的转化，为下一步的以政治体制改革为主要内容的治理转型奠定良好基础，郑永年将其概括为经济—社会—政治的发展思路和逻辑[148]；在理论上，没有明确社会矛盾的根源在于经济社会发展和治理转型的结构性不平衡，权力缺乏有效监督和制约，在战略上缺乏清晰的规划和明确的目标，行为上基本局限在探索阶段、边缘地带，这决定了一段时期内治理结构的根本性变革将不会发生，现阶段的治理转型基本未走

① 标志性的事件包括：俞可平主导的北京大学地方政府创新项目；中央组织部对四川雅安“公推直选”试验的肯定；新疆阿尔泰地区官员财产申报探索；对继续解放思想的强调等。

出“善政”阶段；治理转型活动仍然处于探索阶段、边缘地带，技术性远远大于战略性，实用性远远大于理论性、价值性，在更加重要的战略以及与之相匹配的理论、价值方面并未出现大的突破，在一定程度上，这种探索有利于强化“全能型政党”地位、提高“全能型政党”的领导执政能力，但却不利于政党的现代转变；在现阶段，在意识形态上出现了一定程度的回归，即强调中国共产党的优良传统并大力恢复这一优良传统[①]，这也许有利于推动和实现公平新政，但不利于“全能型政党”向“功能型政党”的思想、组织和功能的现代转变；假如以“民主法治、公平正义”作为社会主义和谐社会的首要因素的话，那将意味着现阶段以“民生”为主的社会改革和社会建设仅仅是和谐社会建设的第一阶段，和谐社会的最终成形将依赖治理结构变革的深化和突破。

回顾 30 年治理转型的历程，我们可以发现：虽然治理转型的成绩不容否定，但是相对于经济社会发展的潮流和需求而言，治理转型已经滞后了；如果继续其技术性完善的思路，也就难以适应经济社会发展的需要了。

3.4 中国治理转型的主要探索

改革开放以来，出于对“文化大革命”的沉痛反思，以及为了适应经济社会发展的需要，在政党治理领域、政府治理领域、社会治理领域作了很多探索；这些治理转型的实践探索，既取得了一些成就为以后深入的治理转型积累了经验，也具有很大的局限性。

3.4.1 政党治理探索

（1）实现党政分开

由于中国共产党在中国政治、经济、社会各领域事实上的核心领导地位，党政关系成为中国社会最基本、最重要的政治

① 相关事件很多，国内外的观察家也多有评论，对于普通人而言感受最多的可能是“保持共产党员先进性教育”。

关系[149]。党组织不仅具有与政府机构相对应的严密的体制，而且具有从决策到执行的系统功能，尽管从理论上讲，只有政府才有行政权力，但事实上，党的领导地位决定了党的系统的权力要大于政府的行政权力，政府机构不过是党的“辅政系统”[150]。

鉴于党政关系不规范带来的不利影响，1986年，邓小平在提出政治体制改革的步骤时，就主张要分三步走：首先解决党政关系问题，实现党政分开；其次是权力下放；最后才是机构改革[151]。他明确指出，党的组织不是政府，不是国家的权力机关，要认真考虑党在整个国家社会生活中的地位，党的机关、国家机关怎么改革这些问题[152]。鉴于党政分开在整体治理结构变革中的基础性、枢纽性地位，十三大报告关于政治体制改革的七部分内容中，“实行党政分开”是列第一位的。

但是，良好的政治愿望并没有取得良好的成果。进入20世纪90年代后，基于政治稳定的需要，十三大以后（主要是1987，1988年）部分党政分开的举措被废除或搁置。迄今为止，“进行了一些改革，如减少了党政交叉兼职，改变了一些书记、常委都兼任政府职务的现象；在一定程度上精简了党委工作机构和领导成员人数；初步改变了党委各部门直接对应、领导政府各部门的办法，较明确地划分了党政领导机构的职责。1982年，修改和制定的新党章明确规定了党必须在宪法和法律范围内活动。不过，时至今日，以党代政的体制性问题依然没有解决好”[153]。

（2）发展党内民主

党的十六大报告强调，“党内民主是党的生命”，十六届四中全会的《决定》和十七大报告进一步强调了党内民主的重要性，并就推动党内民主建设提出了若干建议。自党的十六大以来，中国共产党在完善党的代表大会制度和党的委员会制度方面，在市、县一级扩大党的代表大会常任制试点方面，在完善党委内部的议事和决策机制，进一步发挥党的委员会全体会议作用方面，在改革和完善党内选举制度方面，在建立和完善党内情况通报制度、情况反映制度和重大决策征求意见制度等方面，广泛地进行了一系列探索和试点，党内民主呈现出积极的发展势头，也出现了四川平昌“公推直选”为代表的一批成功典型[154-155]。但是，萧功秦明确指出了“党内民主”政治实践的政策导向和局限：大体上可以认为，执政党领导层对于“党内民主”的部分观点（如“党内生活民主化”）并不拒绝，并把其纳入到“有序的政治参与”的范围中来规范与定位，但对于“党政分开”的提法，则在事实上将不会予以支持，对于激进的“党内分派论”则会予以坚决否定[156]。

在新的环境条件下，发展党内民主是一个非常明智的决策，也是符合社会发展潮流的。但无论在具体操作层面，还是在研究层面，对党内民主的强调都回避了两个关键性的问题：党内整合与党内民主的关系，人民民主与党内民主的关系；在党内民主发展的浅层次，这两个问题并不突出，但一旦进入“深水区”，这就是难以回避的问题了。鉴于党内民主的性质和党所处的复杂环境，党内民主的发展有两种可能性：一是不断地克服困难，改善环境，在探索之中逐渐走上良性循环（党内民主和党内整合之间、党内民主和人民民主之间）的轨道；二是主观和客观条件的复合造成党内民主的发展逐渐偏离初始的主观愿望，并有可能进一步导致社会和政治动荡。假如没有充分地认识到这种可能性，那就意味着我们理论研究和战略准备的不足。就现在的政策导向而言，很显然，并没有走出浅水区。

（3）加强新时期党的建设

21 世纪之初，中国共产党提出了“三个代表”重要思想，认为中国共产党应该始终代表中国先进生产力的发展要求、中国先进文化的前进方向、中国最广大人民的根本利益，并认为这是“立党之本、执政之基、力量之源”[157]。十六届四中全会作出的《中共中央关于加强党的执政能力建设的决定》提出了应该在五个方面大力加强党的执政能力建设：不断提高驾驭社会主义市场经济的能力，发展社会主义民主政治的能力，建设社会主义先进文化的能力，构建社会主义和谐社会的能力，应对国际局势和处理国际事务的能力。

“三个代表”重要思想的提出，加强党的执政能力的决定，充分体现了中国共产党在严峻挑战面前的危机意识，与党内民主一起构成了 21 世纪初中国共产党的建设的三大战略。从深化治理转型的角度来看，这三大战略所要面对的一个问题就是：在治理转型过程中乃至未来的公共治理结构中，党的价值和职能定位到底是什么？某种程度上，就是解决邓小平所提出的“党的组织不是政府，不是国家的权力机关，要认真考虑党在整个国家社会生活中的地位，党的机关、国家机关怎么改革这些问题”[158]。

3.4.2 政府治理探索

改革开放30年以来，我国主要经历了1982、1988、1993、1998、2003、2007年六次比较系统的行政体制改革。有的学者把行政体制改革的发展逻辑总结为“呈现为行政组织调整——行政职能转变——行政能力建设——服务行政诉求的发展路径，体现为行政结构——行政范围——行政能力——行政价值的发展逻辑”[159]。

毛寿龙认为，中国政府体制改革在每一个阶段都取得了实质性的成果，主要表现在如下几个方面：政府组织得以越来越精简、高效；政府职能得到了迅速的转变，开始逐渐适应市场经济的需要；政府行为日益法制化，开始依靠法律规则来施政；政府权力日益分散到经济、社会和基层政治领域，自主治理的市民社会结构正在逐步发育；政府人事选拔任命和决策逐渐公开化、民主化；政府运作逐渐透明化，秘密行政逐渐转变为透明行政，公民的知情权逐渐得到了认可、重视和尊重；政府与公民的权利意识逐渐凸现，新闻媒体逐渐发挥独立报道的作用，而不再仅仅是宣传工具[160]。

但是，随着改革的深入，行政体制改革的不足和局限也日益凸显。行政体制作为整体治理结构的一个重要组成部分，孤军深入的行政体制改革日益受到整体治理结构改革滞后的制约，如由党政不分带来的制约[161-163]。在某种意义上，对行政改革和行政发展最重要的问题已经超出纯粹行政学的研究范围，不彻底解决党政分开等更深层次的体制性问题，单方面的行政体制改革难以为继，也难以取得预期效果。

3.4.3 社会治理探索

（1）实施以村民自治为代表的基层社会自治

继20世纪80年代的探索之后，20世纪90年代中期，中国开始在乡村普遍推行村民委员会直接选举，这是中国治理转型的又一重大实践探索。不少人对其寄予厚望，认为这是中国政治体制改革的起点，直选将逐步由村到乡，再扩大到县、市、省，直至中央一级；有的学者则认为，不能高估村民直选的意义，因为它基本上属于社会治理（相对于政府治理）的范畴，况且迄今为止，党组织仍然牢牢控制着基层政治社会秩序。

无论观点如何，都不能否认村民直选的积极意义：意味着国家和社会在基层社会的初步分离，社会的自组织发育；虽然在具体操作过程中有很成功的事例，也有很不如意的案例，但无论如何都为更大范围的选举和治理转型积累了经验和教训。也不能否认其局限性：在微观上，“两委”关系以及村委会和乡镇党委、政府的关系成为一个新的难题，迄今为止，探索很多，但是仍未彻底解决；在宏观上，村民委员会直选毕竟只是地域性、局部性的选举，它的意义更主要的是针对乡村发展问题而不是中国改革的全部，对于宏观治理转型中的重大问题，如党政关系、党的转型、腐败问题、央地关系问题、民族问题，等等，村民委员会直选无法提供直接而及时的制度支持，相反，一些宏观的体制问题在时刻制约着村民自治的深入发展。

（2）发展社会中介组织

基于市场经济的需要，20世纪90年代以来，中国在政策上积极鼓励社会中介组织的发展。1993年11月14日，中共十四届三中全会通过的《中共中央关于建立社会主义市场经济体制若干问题的决定》提出：发展市场中介组织，发挥其服务、沟通、公正、监督作用，……中介组织要依法通过资格认定，依据市场规则，建立自律性运行机制、承担相应的法律和经济责任，并接受政府有关部门的管理和监督。2003年10月14日，中共十六届三中全会通过的《中共中央关于完善社会市场经济体制若干问题的决定》中指出：积极发展独立公正、规范运作的专业化市场中介服务机构，按市场化原则规范和发展各类行业协会、商会等自律组织。2004年，中共十六届四中全会指出：发挥社会行业组织和社会中介组织提供服务、反映诉求、规范行为的作用。2006年3月14日《中华人民共和国国民经济和社会发展第十一个五年规划纲要》第四篇中指出：规范发展会计、审计、税务、资产评估、校准、检测、验货等经济鉴证类服务。2005年，国务院总理温家宝在十届全国人大三次会议上所作的《政府工作报告》中指出：坚决把政府不该管的事交给企业、市场和社会组织，充分发挥社会团体、行业协会、商会和中介机构的作用。在此政策导向下，20世纪90年代以来，我国社会中介组织取得了较快的发展，为促进市场经济的发展起到了巨大作用。

但是，我国社会中介组织的发展有两个明显特点。第一，政策的经济导向和技术性导向非常明确，发展社会中介组织是因为社会中介组织是市场经济规范运作的基础，在维护经济秩序、促进经济发展等方面具有重要的作用。相应的，在社会中介组织的发展实践中，主要是通过社会中介组织的发展为经济服务、为充分发挥现有治理模式的潜力服务，它在促进权利自治和制约公权方面所起的作用很小。所以，很难将社会中介组织的发展等同于作为现代治理基础的公民社会的发展，因为在现代治理结构中，公民社会最重要的功能是权利自治和制约公权。第二，社会中介组织对政府以及政府官员的依赖性非常强。一方面，有些就是政府直接操办的，实际是政府意志的延伸；另一方面，在现行治理结构中，社会中介组织与公权的地位是不平等的，社会中介组织很难制约公权反而经常被公权操纵和左右，社会中介组织正常作用的发挥也高度依赖公权的支持。社会中介组织对政府以及政府官员的高度依赖性不仅大大影响了其功能的正常发挥，而且在很多情况下成为不利于正常市场竞争的因素。明确的政策导向，社会中介组织对权力的依赖性，以及部分社会中介组织在发展过程中价值和职能的变异，决定了其对中国治理转型的积极意义是有限的。

回顾30年治理转型的主要探索，可以发现：政党治理的探索、政府治理的探索、社会治理的探索紧密地交织在一起，政党治理的探索在根本上制约了政府治理和社会治理的探索，没有政党治理探索的突破性进展，政府治理与社会治理的探索很难取得突破性进展。坚持党的领导、人民当家作主与依法治国的有机统一，是现阶段指导政党治理、政府治理、社会治理各项治理转型探索的最高原则，实现“党的领导、人民当家作主与依法治国”的高度有机统一也是我党理想的政治目标。这个原则实际上包含着两个并列的价值选择：通过推进党的战略转型坚持党的领导；坚持发展以民主法治为主要内容的现代宪政。处理好这两者的关系实质是在治理转型过程中和最终治理模式中妥善处理好政党治理、政府治理、社会治理三者的相互关系。但是，迄今为止，在理论上，对三者的关系，出于良好政治愿望的政治论证取代了严格的学术探索，而不深入认识其可能的内在冲突就难以更好地协调三者的关系；在制度上，缺乏有效的制度来协调三者的关系；在组织上，“党政不分”的传统难题迄今未获根本性破解。维持现有的认识和实践思路，理论上、实践上的自相矛盾会随时间的推移而日渐突出。以党政分开、行政体制改革、村民自治、党内民主、加强党的执政能力建设为代表的治理转型探索之所以效果不够理想，与理论上、制度上、组织上对三者关系的处理不到位密切相关。

3.5　中国治理转型所取得的巨大成绩

改革开放以来，我国 30 年的治理变革取得了巨大的成绩。主要体现为五个方面：从一元治理到多元治理，从集权到分权，从人治到法治，从管制型政府到服务型政府，从党内民主到社会民主[164]。

3.5.1　从一元治理到多元治理

改革开放前中国政治的主要特征之一是所有权力集中于唯一的权力机构。这个唯一的权力机构，在“文化大革命”期间是各级革命委员会，其他时期则是各级党委或党支部。这个唯一的治理主体不仅管理着国家的政治和行政事务，也管理着全部社会事务和经济事务。一元治理体制的最大弊端是导致政治上的专权和管理上的低效，扼杀人们的创造性和自主性。改革开放以来，相继推行党政分开、政社分开和政企分开，以及实施基层民众自治等政策。至此，以各级党组织、各级政府、各类企事业单位和各种民间组织为主体的多元治理格局开始形成，其中党组织和政府组织是最重要的治理主体[164]。

3.5.2 从集权到分权

一元治理模式势必导致政治上的高度集权，并且最终导致个人的高度集权。治理结构的变革，必然引起治理功能的变化。与一元治理转向多元治理相适应，改革开放以来，中共领导层和中国政府开始进行大规模的政治性分权，这种分权几乎同时在三个维度展开。一是中央向地方分权。从 20 世纪 80 年代中期开始，中央大幅度下放政治管理权和经济管理权。二是政府向企业分权。从 20 世纪 80 年代中期开始，中共中央决定逐步推行政企分开的体制改革。企业实行自主管理的法人治理结构，政府不再是企业的治理主体。三是国家向社会的分权。随着多元治理主体的出现，国家开始向社会分权。20 世纪 80 年代后期先后推行的农村村民自治和城市居民自治，既是中国基层民主的突破性发展，也是国家向社会分权的重要步骤。从 20 世纪 90 年代开始，新一轮的政府机构改革后，一些政府机构改造为行业协会，如轻工业部变为轻工总会，纺织工业部变为纺织总会，相应地，一些原来的政府管理职能开始移交给行业管理组织，从而迈出职业自治的重要一步。20 世纪 90 年代后期和 21 世纪开始，民间组织大量出现，政府开始特别强调其社会管理职能，并且开始让各种民间组织参与社会管理，从而开始将部分国家权力下放给特定的社会组织[164]。

3.5.3 从人治到法治

十年“文革”最惨痛的教训之一，就是必须从人治走向法治。改革开放后，党和政府开始强调“法制”或“依法治国”，在相当长的时期内我们将民主与法制并提。早在 20 世纪 80 年代中期，党的一些领导人就开始提出，中国共产党作为唯一的执政党也必须在法律的框架内活动，党组织及党的领导人也不能拥有超越法律的特权。20 世纪 90 年代后，法治成为中国政治发展的长远目标，其主要标志是 1997 年召开的中共十五大。十五大的政治报告，首次明确提出了“建立社会主义法治国家”的目标。不久，这一目标又被写进我国的宪法，从中国共产党的政治目标转变为国家的政治目标。中共十六大后，中国政府又进一步提出了建设法治政府的要求，使法治国家的目标更加具体化，并且表明政府将在实现法治国家的道路上起表率和带头作用。改革开放的过程，也是一个逐步确立中国社会主义法律体系的过程。从 1979 年到 2007 年底，全国人大及其常委会共通过了 400 件法律和有关法律问题的决定，国务院制定了 650 多件行政法规，地方人大及其常委会制定了 7500 多件地方性法规[164]。

3.5.4　从管制型政府到服务型政府

政府管理既是一种管制，又是一种服务。改革开放以来，中国政府管理体制改革的总趋势，是管制的成分正在日益减少，而服务的比重则在日益增多，直至明确提出建立服务型政府。1998 年的《国务院机构改革方案》首次把“公共服务”确立为政府的基本职能；2004 年，温家宝总理提出了“建立服务型政府”的目标；2005 年的《政府工作报告》正式将“建设服务型政府”确认为政府的目标，并且提出了相应的措施。中共十六大和十七大后，中国政府进一步明确了服务型政府的基本内容和相应的公共政策体系。中共十七大则从改善民生、加强社会建设和加快行政管理体制改革三个角度，对建设服务型政府的基本内容作了系统的论述。概括地说，中国政府正在着力建设的服务型政府，主要包括五个方面的内容：强调政府服务责任，建设责任政府；增加公共服务支出，提供更多的社会公共物品；完善公共服务的各种法规政策，为服务政府提供制度保障；改善政府服务质量，提高公共服务水平；努力实现基本公共服务的均等化[164]。

3.5.5　从党内民主到社会民主

“文革”结束后，发展民主便成为全社会的最大政治共识，中国共产党坚持走中国特色的社会主义民主政治道路。改革开放后，中国逐渐形成了别具特色的民主政治制度框架，它的基本内容包括：中国共产党一党领导、多党合作的政党制度，人民代表大会制度，中国共产党与民主党派及各界人民团体的政治协商制度，以村民委员会和居民委员会制度为主要内容的社区自治制度，以企业职工代表大会制度为主要内容的行业自治制度，以民族自治制度为主要内容的区域自治制度。中国是一个缺乏民主传统，经济文化又比较落后的发展中大国，推行民主政治十分艰难。经过近30年的努力，中国共产党逐渐确立了中国式民主的根本目标、理想状态、主要形式和现实道路。中国民主政治的根本目标是高度发达的人民民主。中国民主政治的理想状态，便是中共十五大提出的“实现党的领导、人民当家作主和依法治国的有机统一”。中国民主政治的主要形式，就是人民代表大会制度，即人民选举自己的代表，组成各级国家权力机关，行使当家作主的权利。推进中国民主政治的现实，就是中共十六大提出的“以发展党内民主带动社会民主”。改革开放以来，在推进党内民主和社会民主方面，最重要的进展有：20世纪70年代末，各级人民代表大会和各级地方政府得以恢复，并开始行使宪法和法律规定的权力；20世纪80年代，县级以下人民代表开始直接选举；中国共产党开始废除实际上存在的领导职务终身制，并开始试行干部任期制和党代会常任制；村民自治和居民自治逐渐推行；20世纪90年代，中国共产党开始试行党员权利保障条例；乡镇党政领导的公推公选开始试点；保护人权的条款进入《宪法》；21世纪以后，中国共产党开始试行党内监督条例，普遍推行重大事务的党委票决制；党政领导干部竞争上岗制度在更大范围内推广；《中华人民共和国各级人民代表大会常务委员会监督法》通过并实施；普遍实行重大立法和政策的听证制度；开始推行政府信息公开制度[164]。

公允地说，改革开放30年以来，在治理转型领域取得的成绩是巨大的，但是还仅仅是初步的，离传统治理向现代治理所需要的决定性进步和质的突破仍然相距不少；不仅如此，与治理转型成果同步的是一些影响下一步治理转型突破的深层次问题已经形成，并且出现了传统治理向现代治理转变难以回避的困境。

3.6　现阶段中国治理转型面临的深层次问题

现阶段中国治理转型的深入进行面临如下一系列深层次问题，不根本解决这些深层次问题，中国的治理转型就难以取得突破性进展。

3.6.1　官民两极治理结构的强化和紧张

经济、社会、文化的转型使传统的官—民（政党—政府与社会）两极治理结构更趋紧张，但迄今为止的治理转型探索仅仅增强了两极结构的弹性、适应性，并没有从基本制度上缓解两极结构的内在结构性紧张，并没有从根本上走出两极结构，反而在一定程度上强化了两极治理结构①。一方面，经济、社会、文化的转型对传统治理向现代治理的变革提出了更高的要求和更严峻的挑战（参见本章3.2节）；另一方面，治理转型的发展和探索在显著提高了政党治理与政府治理的弹性、适应性的同时，明显不能满足经济、社会、文化的转型的需要，特别是在基本制度上仍然未走出以行政控制为主导的阶段（参见本章第3.3和3.4）。提高现有基本制度结构弹性、适应性、灵活性的空间是有限的，在适应治理转型需要和潮流不断提高操作层面弹性、适应性、灵活性的同时，基本制度的局限性也更加明显，政党治理—政府治理（官）与社会治理（民）两极治理结构的内在局限性也更加明显②。近年来持续上升且居高不下的群体性事件就是一个明显信号。

3.6.2　党的转型与宪政发展的内在结构性关系更趋紧张

30年来，党的转型与宪政发展都取得了巨大进步，但两者

① 萧功秦提出过20世纪80年代、90年代的“脱两极化”的问题，但是萧功秦所说的“脱两极化”是在政治势力上，“左”与右的势力先后被边缘化，主张“稳定、改革、发展”有机统一的中间路线占主流，在政治文化上激进与保守的政治文化日益失去影响力，渐进的变革和发展成为主流共识。此处所说的“两极强化和紧张”是指在治理结构上尚未走出“官民”两极结构。

② 以反腐败为例，在现有制度框架内，对反腐败重要性的强调和操作的严厉性几乎无以复加，但是在明显难尽如人意的反腐绩效面前，越是如此，越是体现了基本制度的局限性。

之间内在的结构性紧张不仅未随两者的发展而日益趋向良性互动、有机结合，反而随两者各自的发展而加剧了内在的结构性紧张。扩大党内民主、用“三个代表”重要思想指导党的建设、加强党的执政能力是21世纪初中国共产党加强党的建设的三大主要工程，但是三者都没有走出加强“全能型政党”建设的思路；宪政的理念和力量在发展，但是一方面，缺乏基本共识、组织传统和制度引导的宪政发展与现行治理结构的矛盾日渐突出；另一方面，由于受封建专制传统、全能控制传统的负面影响，亦由于现实矛盾积累的深厚和阶级阶层结构严重失衡和断裂，社会自身缺乏走向制度化博弈与合作的自我良性进化能力和条件，失去行政控制的爆炸式参与反而有可能摧毁这种良性进化，而不是走向持续、彻底、良性的治理转型进程。党的转型缓慢可以以宪政发展潜在的风险为理由，宪政发展的缓慢也可以以党的转型的缓慢为理由，但这种互为理由的发展只能导致更大的紧张；如果不把党的转型与宪政发展两个并列的价值选择创造性地结合在一起，两者各自的发展有可能使两者之间内在的结构性矛盾更加突出，为未来的治理转型埋下爆炸性隐患。

3.6.3　权力—权力、权力—权利、权利—权利的制度性紧张

随着整体社会转型的发展和治理转型的深入，治理结构内部权力—权力、权力—权利、权利—权利的制度性关系更加紧张。权力—权力关系的紧张源于在制度上对于不同权力主体的法定权责、运作规则、救济机制缺乏明确的界定和划分，例如不同部门之间、不同层级之间权责划分不清而导致诸多的虚耗和摩擦。权力—权利关系的紧张源于对权力的监督和制约明显落后于维权要求的快速发展，近年来维权的呼声不断高涨，有从具体到抽象、从经济到政治的发展趋势。权利—权利关系的紧张源于民众权利发展的不平衡，包括区域间（如城乡）权利的不平衡，群体之间权利的不平衡（既得利益集团与弱势群体之间），也包括不同性质权利间发展（如经济权利和政治权利）的不平衡；这种权利发展的不平衡已经造成了诸多问题，如果不从根本上逐步解决这个问题，将会带来更多的问题。针对权力—权力、权力—权利、权利

—权利的紧张关系，行政控制方法可以在一定时期内有效地维护稳定，但却不能从根本上化解这种内在的制度性紧张，也不利于从根本上化解这种内在的制度性紧张。

3.6.4　非制度化博弈的低层次徘徊

非制度化博弈是指，迄今为止，权力—权力、权力—权利、权利—权利之间的矛盾和问题更多依赖一次次的具体博弈来解决，而不是依靠明确的制度安排来解决。非制度化博弈的低层次徘徊是指，首先，在现在的治理框架中制度化博弈的空间很狭小，以致社会交易成本高昂，不确定性强，可预期性差，问题和矛盾在一次次的具体博弈中积累深化①；其次，悠久的专制传统以及长期行政控制导致全社会制度化博弈的能力较为低下，缺乏相应的理性和传统；最后，自我良性进化的能力亦很低下，而且自我良性进化的环境和条件非常不利。

3.6.5　地方庇护网政治等政治肿瘤尾大难掉

经过 30 年改革开放，由于诸多原因，中国已经形成四个很不利于治理转型顺利进行的且难以彻底解决的政治“肿瘤”，分别是地方庇护网政治、既得利益集团政治、结构性腐败与权力—资本的非良性联姻。第一个是地方庇护网政治。地方庇护网政治是指中国地方政权的“类苏丹化现象”。苏丹式政权是美国政治学家林兹在比较政治研究中提出的概念，其特点是：权力范围的私产化；权力行使的任意性和无规则性；统治方式的非意识形态化；以庇荫网络为基础来进行统治[165]。萧功秦认为，中国的地方政权已经出现“类苏丹化”倾向，即朋党式的关系模式、权力范围的私产化、权力运作的任意性、统治方式的非意识形态化，在结构上表现为官员内部的庇荫关系、官员与黑社会势力之间的庇护关系、地方司法与地方政府的依附关系。这种地方庇护网政治扭曲了正常的官僚等级关系，恶化了地方政治生态，使腐败更加猖獗，使反腐败深陷泥潭，所以，萧功秦认为：“如果政治体制改革不能在制度创新方面做出重大努

① 例如，通过正当渠道和正当程序维权很难取得实效，但暴力维权也是高成本的。

力，这种以庇荫网为基础的地方政治顽症就很难从根本上解决。[13]”第二个是既得利益集团对改革的扭曲。改革开放 30 多年来，已经形成既得利益集团而且开始形成一种扭曲改革的机制，从土地财政、房产市场的扭曲，从垄断部门改革的艰难，财产申报法的屡屡搁浅等，都可以清晰看到既得利益集团的影子。第三个是结构性腐败。结构性腐败意味着贪腐以及伴随的浪费（公车消费、公款招待、公款出国）更多是基于治理结构的缺陷，而非个人品质修养问题，结构性腐败已经成为发展中的顽疾，不从治理结构上根本解决，只能是治标不治本。第四个是权力—资本的非良性“联姻”。按照西方传统理论，市场经济的发展和资本权力的扩张将有利于民主法治的发展，有利于公民社会的形成，有利于治理转型发展。但是在中国的情况不同：经济精英对于推动公民社会发展并不积极，而是热衷于利用资源优势发展和巩固私人关系网[166]；或者积极入党，进入人大、政协等机构，将经济优势扩展为政治优势[167]。在这种权力与资本联盟、资本对权力依赖的博弈游戏中，资本只有放弃独立人格和自主权利，才能换取资本发展所必需的政治资源、法律保护、盈利机会；而政治权力正是借助这种依赖关系，维持着权力对资本的控制，并从中获得经济利益[168]。权力—资本的非良性“联姻”已经成为产生暴利、滋生腐败、扭曲正常市场竞争机制、恶化生态环境、激化劳资矛盾的渊薮。地方庇荫网政治、既得利益集团扭曲、结构性腐败、权力—资本的非良性“联姻”这四者紧密地交织在一起，形成治理转型的恶性肿瘤。治理转型能否健康进行，很大程度上取决于能否从根本上遏制并根本清除这些政治肿瘤。

3.6.6 治理转型战略的短期合理性与长期合理性的两难选择

在治理转型进程中，执政党陷入短期合理性与长期合理性的两难选择。强化公共价值教育，促进公民社会发育，宽松媒体的控制，有利于现代治理基础的发育，具有长期合理性，但却会不利于眼前的稳定，更不利于官员任期内的政绩；强化行政控制有利于短期的稳定，也有利于官员任期内的政绩，但却损害了现代治理的健康发育，危及社会的长治久安，不具有长期合理性。

这些深层次的问题是伴随30年改革开放进程形成的，是改革开放的产物，也是对下一步改革开放的巨大挑战。这些深层次问题相互交织在一起，形成了中国现阶段治理转型的困境。不彻底解决这些深层次问题、突破治理转型的阶段性困境，治理转型就难以取得质的突破。但是，恰恰在如何解决这些深层次问题、走出治理困境上，不仅现阶段治理运行的两极治理模式表现得很无能，而且过去30年所遵循的传统治理转型模式的局限性也显得非常突出。

3.7　两极治理模式及其内在缺陷

我国现阶段的基本治理模式是“官—民”两极治理模式，这是我国现阶段治理运行的基础。两极治理模式不仅带来了诸多深层次治理问题，而且不利于这些深层次问题的解决。

3.7.1　两极治理模式是中国现阶段的基本治理模式

在中国现阶段，政党治理、政府治理、社会治理并未形成独立的治理领域，政党既是政府的核心，也是社会的核心，政府治理与社会治理都高度依附于政党治理。

首先，以中国共产党的各级党组织为核心，一边是行政化的国家，另一边是原子化的民众。纵向上，除中央、省、市、县、乡镇五级政府之外，本应属于社会治理范畴的基层村民自治、居民自治实质上也是高度行政化的，所以有的学者认为我国有五级半政府；横向上，按理本应属于社会治理范畴的工、青、妇、各种行业协会也是高度行政化的；纵向和横向上都以中国共产党的各级党组织为治理核心，政府治理依附于政党治理，党的领导不仅体现在思想、组织、政治三个主要方面，也负责主要的行政决策，政府的决策功能弱化，执行功能强化；由于政治权利的实质性缺席及严密的组织和舆论控制，民众并未以权利为基础形成有效自治，更多是原子化的，社会治理也是高度依附于政党治理的。

其次，行政化国家的核心是包括党、政、司法、人大、政协、工、青、妇各级组织成员（具有公务员身份或者比照公务员管理）组成的官员队伍，无论属于何种性质的组织，无论在民众心目中还是自视，身份都是干部，是“官”。因此，政党、政府与社会的关系简化为官—民关系，政党、政府与社会的三者互动简化为官—民互动，具体化为负责官员、干部与对应民众的互动。

3.7.2 两极治理模式的主要特征

两极治理模式具有以下特征。

第一，治理体现为党政系统与民众两极的互动，互动关系的状况决定了治理的优劣。在党政系统运作良好，比较廉洁，为民众提供的公共服务较好的时候，两极之间的关系就比较和谐；在党政系统运作扭曲变形，既不能提供好的公共服务，也不能保持自身的公共性，腐败严重的时候，两极之间的关系就会紧张、恶化，治理状况趋坏。

第二，权利依附于权力。党政系统是保持社会稳定的核心力量，是改革的主要推动者，是发展的中坚力量，也是主要的改革对象。由于权力制约机制的不健全，在改革发展进程中不仅难以保证官员们在维护稳定、推动发展的过程中不滥用权力谋取私利，也难以保证其不扭曲改革的本意，将不利于党政系统的改革边缘化，在改革进程中实现党政自身权力和利益的最大化。由于权利保护和自组织机制的缺乏，民众无法利用其基本权利组织起来监督党政、推动改革，以集体的方式改变对权力的依附，因而只能以个体的方式在“权利依附于权力”的模式中趋利避害。

第三，社会运行官僚化。行政化的国家不仅形成了一个由官员、准官员组成的庞大党政队伍，也使政治、经济、社会甚至教育、科学、文化等不同领域的运行趋向行政化、官僚化；党政系统是社会运行和资源配置的核心，掌握着庞大的资源和机会，因此不仅成为求职者趋之若鹜的场域，也成为各种不同行业人员结交攀附的场域；权力制约的薄弱，权利对权力的依附，必然淡化党政系统立足的公共性，使整个社会的官僚化程度更甚。

第四，官本位文化泛滥。官本位文化在我国不仅有深厚的历史基础，也有现实的治理结构支撑。权利依附于权力，社会运行官僚化，必然导致官本位文化的泛滥，导致现代治理所需要的理念和规则被扭曲或边缘化。

3.7.3 两极治理模式的内在缺陷

第一，治理运行的两极化。在两极治理模式下，原子化的民众是比较被动的，成就的取得依赖于党政系统的领导或合作，问题的形成、矛盾的积累也更多归诸于党政系统，缺乏中间的缓冲和协调。在西方发达国家，在中间起缓冲和协调作用的公民组织和司法系统在中国也是高度行政化，基本属于“官”方。在这种模式下，原子化的民众虽然被动却有自己的感知、判断和情绪，治理良好时，党政系统是被称颂的主要对象；治理状况恶化时，党政系统是被指责、怨愤的主要对象，也是隐性的怨恨积累潜在指向的对象。

第二，治理运行权力化。在两极治理模式下，成就的取得、问题的解决都依赖于权力的行使，权力的大小往往决定力度。权力不重视的问题，再重要也难以真正解决；权力重视的问题，即使微不足道也会被看得无比重要。权力是治理运行的中枢，权力行使的优劣决定了治理的优劣。解决问题和矛盾的思路也是从权力调整入手，而不是从民众权利的角度入手。权力固有的自我扩张和强化本性使之更甚。

第三，权力行使随意化。两极治理模式下，权力不仅是社会运行和资源配置的核心，而且权力自身制约机制不健全，权利也无法有效监督和制约权力，这很容易导致权力行使的随意化。权力的随意化往往导致以下不良后果：公共权力渎职，不能有效地提供公共服务、维护公共秩序；滥用公共权力创造各种“政绩工程”；公共权力自身成为非正义的制造者，特别是部分行使公共权力的基层官员。

第四，现代治理基础发育的边缘化。在两极治理模式下，现代治理所需要的各项基础要素的发育被边缘化，如现代公共价值教育、公民社会发育等。

第五，治理转型技术化。在两极治理模式下，治理转型被高度技术化，治理转型的指向不是根本改造现有治理模式，而是巩固和强化现有的治理模式。

第六，容易导致治理转型的极端化。在两极治理模式下，对权力的渎职、滥用以及腐败无可奈何，民众的不满更多是处于无奈的隐性积累状态，一旦有机会宣泄很容易形成非制度化的爆发式参与，破坏性有余而建设性不足，很容易导致局部乃至全局的动荡，而从党政系统角度，维持稳定、应对动荡的惯性就是强化权力、强化控制；即使不得已从制度上进行根本性调整，由于现代治理基础发育的不足，也未必形成新的稳定有序状态。

3.8 现阶段中国治理转型的基本模式及局限性

3.8.1 技术性渐进变革模式

根据30年中国治理转型的实践过程，可以概括抽象出迄今为止中国治理转型所遵循的基本变革模式，笔者将其概括为“技术性渐进变革模式”。这个模式有如下四个基本特征。

第一，渐进性。回顾中国治理转型历程可以发现，渐进性是其首要的特征，30年中国治理转型过程整体上体现为一个渐进的过程：从一元治理到多元治理，从集权到分权，从人治到法治，从管制型政府到服务型政府，从党内民主到社会民主等治理转型成绩的取得呈现为一个渐进的过程；另一方面，治理转型所面临的深层次问题的积累和凸显也呈现为一个渐进的过程。

第二，实用性。30年的治理转型是逐步摆脱各种僵化的教条限制的过程，也是一个实用主义主导的过程，如托马斯·海贝勒所言，“政治实用主义是中国发展模式和政治文化的显著特色”[81]116。海贝勒认为，这种实用性可以体现为多个方面：“政治上，共产党已经从一个阶级的政党发展成为一个人民的政党。意识形态上，政府的目标不再是一个遥不可及的‘共产主义’，而是一个不太遥远的‘和谐社会’。政权的合法性不再基于意识形态之上，而是基于对现代化、增强国力、维护稳定、建立社会主义民主等承诺。”[81]116

第三，政治改革滞后。在20世纪80年代治理转型的初步探索阶段，我国就已经认识到政治体制改革的必要性和紧迫性，但是1986—1988年的政治体制改革探索并未取得大的突破。在20世纪90年代以维护稳定为中心的治理转型阶段，经济体制改革迅速推进，政治体制改革相对滞后甚至停滞。在治理转型的新探索阶段，虽然日益认识到政治体制改革的必要性和紧迫性，也在党内民主、大部制等多方面作出了很多有益的探索，但并未根本改变政治改革滞后的局面。大部分学者认为政治体制改革相对滞后不利于长期发展，但以邹东涛为代表的一部分学者则把“经济改革‘理性超前（激进）’和政治改革‘理性滞后（保守）的非对称组合’”视为中国模式成功的基本经验之一，因为其“确保了中国的长期稳定，从而促成了中国改革开放取得了巨大的成功”[169]。

第四，技术性。技术性体现为三个方面：第一，不是从权力与权力、权力与权利、权利与权利的基本制度上根本调整现有治理结构，而是立足现有治理结构，致力于运用各种手段让其发挥最大治理潜力，实现最大治理效益；第二，变革是必要的，但不是从价值、职能、组织、制度上重构政党治理—政府治理—社会治理的基本关系，而是通过对各种技术性问题的变革，充实和巩固现有的基本治理结构；第三，在变革策略上，采取从外围到核心的路线。

技术性渐进变革模式隐含着四个预设：预设一，现阶段基本治理形式（制度和结构）能够根本容纳——而不是制约——治理转型内容（如公民社会发育、现代公共价值观的发育、民主法治的发展）的发展和扩张，反过来，治理转型内容的发展和扩张有利于巩固——而不是削弱和挑战——现有的基本治理形式；预设二，不改变政党治理—政府治理—社会治理的基本关系，通过加强政党建设即能够坚持党的领导、保持党的领导的充分合法性，并完成传统治理向现代治理的转变；预设三，坚持有中国特色的政党治理—政府治理—社会治理的现阶段的基本模式并致力于其完善。预设四，坚持现阶段的基本治理形式不妨碍进行各种技术性治理转型和探索，各种技术性治理、技术性变革和探索有利于巩固现阶段的治理模式，提高其治理绩效。

3.8.2 技术性渐进变革模式的优势

这种技术性渐进变革模式有其独特的优势。主要包括如下三点：首先，一段时期内有利于在我们这样一个国情复杂、秩序需求极高的国度保持政治社会稳定，而政治社会的稳定是经济发展的重要先决条件之一；其次，有利于现代治理基础要素（民间传统、价值、理念、习惯、思维行为方式、组织技巧等等）的渐进发育，现代治理的正式制度可以速成，但制度赖以健康运作的各种基础性支撑要素是不可能速成的，特别是在我们这样一个具有深厚悠久的专制传统的国家；再次，有利于在探索中积累经验，提高驾驭复杂的治理转型进程的能力。

3.8.3 技术性渐进变革模式的局限性

虽然技术性渐进变革模式在一段时期内有其独特优势，但随着整体社会转型的发展、治理转型的深化，其优势渐失，而局限性则日益凸出。主要表现为以下几点。

第一，不利于巩固深化治理转型所取得的成果。俞可平很准确地概括了中国30年治理转型的成绩：从一元治理到多元治理，从集权到分权，从人治到法治，从管制型政府到服务型政府，从党内民主到社会民主。这些方面治理成绩的巩固和深化需要从权力与权力的关系、权利与权力的关系、权利与权利的关系三个方面更加明确地厘清和界定政党治理、政府治理、社会治理的制度化关系。

第二，不利于解决上述治理转型所面临的深层次的问题。官—民两极治理结构的强化和紧张、党的转型和宪政发展的内在结构性紧张、非制度化博弈的低层次徘徊、既得利益阶层等深层次问题基本都源于现阶段基本治理结构的缺陷（而不是技术性缺陷），技术性渐进变革模式难以根本解决这些深层次问题。

第三，随着经济社会的迅速发展，以行政控制为主的稳定模式越来越难以满足社会需要。在局部地区，因为维护稳定手段和形式的落伍反而在实践中变成制造不稳定的因素；政治改革滞后的副作用日益突出，治理结构的落后已经制约了经济社会的健康发展。

第四，该模式所具有的技术性、实用性特征的副作用日益突出，在村民自治、行政体制改革等主要的技术性变革领域，基本治理结构的局限制约了这些治理转型探索的成效和深入发展。

第五，该模式所坚持的渐进性将面临更大的挑战。萧功秦认为，这种变革模式可能导致“路径锁定和急诊室效应”，即：一方面，“有可能在转型过程中，出现‘社会矛盾—加强控制’的路径依赖，即通过加强控制、约束社会自主空间的方法来解决发展中的问题与矛盾。久而久之，这种自我强化的路径，就会引导人们不自觉地进入一种路径锁定状态”[20]8；另一方面，这种“习惯成自然的路径锁定状态，使决策精英往往有一种很强的思维定势，即在顺利时，会由于路径依赖心理的干扰，拒绝进一步的深层次改革，而当原有的路径发生巨大障碍并影响到政权的生存与稳定时，才会产生不得不进行大幅度改革的强烈意愿，然而在此时，就会产生类似于急诊室医生面对危重病人的治疗方案的两难命题”，“面对社会的重症效应而产生的激进与保守的两种‘治病方案’的分歧与矛盾”[20]9。

综上所述，这种治理转型模式在推进治理转型、解决治理转型所面临的深层次问题等方面的局限性日益突出，已成为制约传统治理向现代治理转型的障碍，不彻底转变这种治理转型模式，将难以满足治理转型的长远需求。

小　结

通过以上分析可以发现：虽然改革开放以来，中国在治理转型方面已经取得了巨大的进步，但是一些深层次的矛盾和问题也开始日渐凸出，对现阶段的治理模式形成巨大的挑战；某种程度上，治理的形式（治理结构）已经越来越难以容纳甚至束缚着治理转型内容的发展，不对治理形式进行较为根本的调整，不仅难以有效地解决现阶段中国治理转型面临的深层次问题，也难以适应整体社会转型的需要。不仅如此，伴随经济社会的深入发展，指导过去30年治理转型的“技术性渐进变革模式”的局限性日益明显，已经难以满足继续指导传统治理向现代治理演变的需要。

第 4 章 治理转型的基础环境

本章在前述分析的基础上，进一步阐述中国深化治理变革、突破治理转型内在困境的基础环境。在中国，深化治理转型所立足的基础环境并不理想。纵向上，传统治理向现代治理的演变是必然的历史大趋势；横向上，多层面贫困的并存和交织决定了治理转型进程的复杂和艰难。

4.1 治理转型的纵向环境：传统治理向现代治理的演变

4.1.1 多领域合一向多领域相对分离的历史演变

传统社会向现代社会转型的基本趋势之一就是领域合一向领域分离的历史性演变。贝尔把现代社会看作是由经济—技术体系、政治与文化三个特殊领域组成的，每个领域都服从不同的轴心原则，有自己独特的模式和行为方式[170]。王南湜把人类活动划分为经济、政治、文化三个基本领域，认为非市场经济向市场经济的转变所造成的最基本的变化就是三大领域之间的结构性关系从领域合一状态向领域分离状态的转变。随着领域合一向领域分离的转变，诸领域之间的均衡方式也由以政治为中心的“中心限定”方式向“网状限定”转变，社会价值结构亦从原来以政治价值为中心的统合为一的价值体系向疏离性的、多维性的价值体系转变。领域分离导致了公民社会取代共同体的兴起，政治的民主化和法治化，以及实用主义文化与理想性文化的分离。但领域分离的过度化，以致诸领域之间的差异和冲突超过了一致和协同，也有造成“领域断裂”的危险，这对领域间价值原则权重的结构性分配以及社会基本价值共识的效度提出了挑战[171]。

4.1.2 行政性整合向契约性整合的历史演变

与领域合一到领域分离的趋势相应，从传统社会向现代社会转变的过程中，社会整合机制由伦理性整合向契约性整合转变，由“身份社会”向“契约社会”转变[172]。在中国，则由于全能性政治社会结构的出现，而经由行政性整合向契约性整合转变。

4.1.3 治理转型的社会潮流冲击传统治理结构

随着经济社会的发展，以及中国社会转型过程中出现的种种问题和危机，中国公民开始越来越强烈地、自发地、自觉地为自己的权利而斗争，并通过社会、传媒、司法和政治参与等途径表现出来。21 世纪之初，公民对权利的关注开始扩展到生存环境保护、历史文化保护、受教育权等领域。近几年来，对公民宪法基本权利的保护成为热点和焦点：对公民迁徙自由的追求，不断挑战户籍管理法规；公民开始要求平等的劳动权和受教育权，反对就业歧视。不仅如此，公民的政治参与权的诉求越来越强烈，从要求实行并参与政府决策听证、立法听证，到挑战违宪审查制度、竞选人大代表。公民逐渐要求兑现宪法中规定的权利。来自社会民间的力量正在强烈地冲击着中国的政治体制，呼唤着人权、法治、民主，推动国家向宪政发展。蔡定剑将这些力量概括为：以竞选代表为代表的自主自发的政治参与；媒体和舆论监督；以齐玉苓、许志刚案件为代表的用宪法维权；以四川步云等为代表的地方自主的民主改革；以政府信息公开、审计风暴等为代表的法治政府建设[173]。

治理转型的社会潮流为根本的制度变革奠定了坚实的社会基础，没有公民自觉自主争取权利的过程，宪政不可能通过一场政治改革来实现；没有公民自觉、自主的权利诉求为基础，很可能发生历史上皇朝更迭那样的革命，而可能不是真正的宪政改革。同时，治理转型的社会潮流也对传统治理结构形成了巨大挑战和冲击，并在深层次上呼吁根本的制度性变革。中国的宪政发展仅有民间的动力是不够的，还必须有一些较为根本的体制改革作为宪政变革的基础。没有从上到下的体制改革，民间社会宪政努力的空间会很有限，甚至会因为政治气候的改变而受到压制。但是，它丝毫不能说明民间的宪政努力是没有用的，相反，它是实现中国宪政必不可少的社会力量和动力。

4.1.4 不同进程的复杂交织

中国治理变革的过程是多进程的复杂交织，治理转型（强调民主、法治等现代治理要素的成长）与国家建设（包含国家统一）问题、政党转型、社会转型等进程复杂地交织在一起。这些不同进程之间内在的冲突和矛盾经常大于其相互的协调和互补，中国治理变革模式和战略的选择必须兼顾这些不同的进程。

（1）治理转型与国家建设—国家统一的交织

治理转型是指传统治理向现代治理的转型，是从传统治理的无限政府、人治政府、专制政府、集权政府、封闭政府转向现代治理的有限政府、法治政府、民主政府、分权政府、开放政府[19]。治理转型过程中，最重要的是宪政、民主、法治等因素在价值上、制度上、行为上不断的生长，直至以之为基础的现代治理完全取代传统治理。

国家建设主要包含文化—心理和制度两个方面。文化—心理方面主要是民众对国家的文化—心理的认同。国家建设的制度方面，包括国家的暴力、政治、经济和行政制度等多方面：在政治暴力方面包括国家统一的军队和警察制度；经济制度方面包括近代金融、财政、税收和食物供应制度；在行政制度方面包括行政技术官员的录用和培训制度等[174]。无疑，国家建设与治理转型不是一回事，治理转型强调宪政、民主、法治的发展，权力的监督制约、权利的保护，着重解决公共权力的性质问题；而国家建设注重文化—心理认同，中央与地方关系的处理，注重制度的完善和有效，着重有效性问题。郑永年等学者认为，虽然民主发展是必要的，但国家建设应该优先于大规模民主化，它是支撑现代民主运行的坚实基础[175-176]，因为“理想地说，民主化应当是一个国家建设过程，通过民主化而使得国家转型成为民主政体。但现实的情形并非如此。民主化往往不能成为国家建设（state-building）的一个过程，反而是国家的毁灭（state – destroying）过程"。而且"民主化可以是一股强大无比的摧毁非民主的旧制度的力量，但很难充当同样强大的力量来建设新制度。而且很多国家制度或者国家机器并不是通过民主化所能建立的。可以说，一旦民主化到来，或者一个国家成为民主政体之后，有些方面的国家制度就再也建立不起来了"[174]。

国家统一。中国的国家统一不仅包含尚未统一的台湾问题，还包含存在统一隐忧的新疆、西藏、内蒙古问题。是否有利于促进国家统一，维护国家的统一和主权完整，这是中国的精英和普通民众在考虑治理转型时最优先考虑的问题之一，苏联、南斯拉夫解体的前车之鉴更加深了中国精英和普通民众的忧虑。有的学者就认为，中国政治改革的首要挑战会是民族问题，民族问题在很大程度上决定政治改革能否成功，甚至决定政治改革能否开始。……对于一个国家，法律乱了可以重建，经济乱了可以恢复，但领土分离了却覆水难收[177]。

中国治理转型与国家统一的关系是非常吊诡的。首先，对于中国台湾的统一而言，一方面，台湾先行的民主政治发展，大陆滞后的治理转型，成为和平统一的一个重要障碍；另一方面，许多"台独"分子也在不无恶意地期待着大陆民主化过程中可能的乱局，以寻找机会。其次，对于西藏、新疆等地而言，既往的历史已经滋生了大量的潜在矛盾，要从根本上消解和转化这些沉淀的矛盾，唯有实现治理转型，重建国民意识形态认同，以更加民主、法治的方式处理民族矛盾；另一方面，民主、法治的运行需要一系列支撑条件，例如，民众对民主、法治的信仰，对民主、法治运作程序与实施机构的认同，对以民主、法治方式解决现有矛盾的信心和耐心等，如果缺乏这些基本条件，民主和法治并不能发挥其应有的效用去消除和转化民族矛盾，甚至会适得其反；由此进入另一个两难，不实行治理转型难以根本解决这些民族问题，实现治理转型却很有可能在过程中产生乱局，使心怀异志的分离分子有机可乘。再次，对于西方的政治家、学者而言，中国的国家统一从来不是其关注的焦点，他们既没有兴趣也没有义务这样做，他们关注的是中国的民主化问题，这既是他们的兴趣也是他们的利益（认为的），如同苏联的解体并不危及他们的利益一样。换言之，无论中国的民主化成败与否，他们都坐收渔人之利，所以他们起劲地鼓吹民主，培植势力，推广价值，通过各种手段施加压力，至少不会从中国的艰难处境去真正为中国考虑；对于中国精英和普通民众而言，既希望实现治理的顺利转型，制约权力，保护权利，保护民众权益，也希望治理的转型能够促进和维护国家统一，最起码不能导致国家分裂，因而倾向于强大的中央集权，寄希望于执政集团主动进行渐进的政治改革，推动治理转型，但两者的内在矛盾在于，一个强大的执政集团是否有足够的意愿和动力去主动进行政治改革、推动治理转型。对于执政集团而言，改革者将不得不面对客观上的不利情境，主观上政治远见、政治魄力、政治艺术匮乏等问题，僵化的保守派和顽固的既得利益者则很容易从国内外的不利情境中找到借口抗拒和推迟改革。

治理转型是大势所趋、民心所向，但从中国的历史和现实处境出发，中国的精英和普通民众们有理由担心是否会出现20世纪初期的乱局，有理由担忧可能导致的国家分裂和动荡问题；而这些是西方的政治家、学者所难以真正理解的，即便他们在“知识”上认识到了中国人的忧虑。

（2）治理转型与社会转型的交织

社会转型是指中国从传统臣民社会向现代公民社会的转型，从身份社会向契约社会的转型。在西方发达国家，社会转型和治理转型在时序上是基本错开的，市民社会推动了治理转型；而在中国，两者是紧密交织在一起的，不可能期望一个运行良好的现代治理体系去规范和引导公民社会的发育，也不可能期望存在一个成熟的公民社会去推动传统治理向现代治理的转型。“公共秩序依赖国家与社会两方面制度安排及其关系的优化，与西方发达资本主义国家渐次发育的路径不同，中国面临着同时建设国家制度和社会制度的双重任务，这意味着中国必须走一条不同于西方的制度发展道路，意味着中国国家与社会关系的规范化、制度化是一项艰巨的漫长的过程。”[114]

从长远看，治理转型与社会转型是相互促进的关系，公民社会的发育将为现代治理奠定坚实的基础，传统治理向现代治理的转型将为公民社会的发育开辟政治空间、建立政治规范。但是在共时态上，两者却经常是相互矛盾、冲突的，加强公民教育、普及公民价值、释放政治空间、促进公民自治的发育，都有利于促进公民社会的发育，也有利于现代治理的建立，但在短时期内却是在瓦解旧秩序的基础，为传统行政控制机制所不容；加大控制力度，有利于短期的政治稳定，像20世纪90年代那样，但同样加速了矛盾的隐形积累，为未来的治理转型、社会转型制造了更大的阴影。

过去30年的政治战略已经为治理转型与社会转型打下了坚实的基础。支撑过去30年经济发展和政治稳定的政治战略可以归结为政治改革、政治控制、政治吸纳三大战略的有效配合[178]。政治改革，如向地方分权、技术官员群体的兴起、政府机构改革、村民自治等，增强了党政体系的适应性和弹性，但这种技术性的政治改革越来越难以突破其限度，受到基本制度的“瓶颈”制约；政治控制战略增加了民怨和矛盾在体制外的隐形积累；政治吸纳战略虽然有效应对了一部分精英人物的政治参与需求，却形成了政治精英化，在客观上形成了精英联盟与广大民众之间更大的鸿沟。三大战略，在不改变基本制度（权利—权力关系、权力—权力关系）的前提下，提高现有党政体系的能力，强化权力控制机制，虽然收到了稳定的短期功效，但是催生了弥散性的腐败，引起广泛的社会不满，不利于国家和社会两者渐进、有序、良性的互动转型。

中国治理传统决定了两者互动过程的长期性、曲折性和反复性。在政治上，中国几千年的官民互动是恶性循环的互动，新朝建立初期，鉴于旧朝教训，政治比较清明，但是缺乏有效约束的官僚体系随着时间的推移逐渐腐化，民众不能通过正常渠道表达自身意愿，民怨在体制外积累，事件引发民众叛乱和反抗，成功者取而代之建立新朝，开始下一轮循环。其中，不仅“官本位”的传统、官僚恶治的传统发达而深厚，游民政治传统、造反叛乱传统、暴民乱治传统也同样发达而深厚；两者皆不利于治理转型与社会转型渐进、有序、良性的互动。在文化—心理上，中国传统的政治文化缺乏现代理性，将政治问题道德化，明君清官情结浓厚，而漠视和拙于制度建构，黑白分明、你死我活、成王败寇的意识深厚，妥协、共赢、谈判的意识薄弱，这种狭隘、激进、非理性的政治文化迄今没有得到有力的文化清算和超越，显然不利于治理转型与社会转型渐进、有序、良性的互动。制度可以短时期内速成，但是政治传统、文化心理的改造则必定是一个较为漫长的过程，在此过程中出现曲折、反复也是正常的。

如何面对以上事实，在制度建构上有效转化或抑制以上不利因素，促进治理转型与社会转型渐进、有序、良性的循环，预防激进、动荡、恶性的循环，是对中国精英们政治智慧的巨大考验。

4.2　治理转型的横向环境：多层面贫困的并存和交织

4.2.1　多层次贫困的并存和交织

社会学家把社会结构从外到里分为同心圆式的三层结构：最外层的是物质资源结构，中层从外到内的是制度结构，内层是精神结构。以此来分析和把握中国治理转型的基础环境就会发现，中国的治理转型仍然处于物质—资源贫困、制度贫困、精神贫困多层次并存和交织的基础环境之中。30 年的改革和发展催生和强化了治理转型的需求，却没有为未来的治理转型奠定坚实的基础和支撑。

(1) 物质和资源贫困

这里讲的物质，是可以用 GDP、人均收入、消费指数、存款余额等指标来衡量的现实的物质财富；这里讲的资源，包括自然生态资源，也包括人力资源。

首先，物质的贫困。近 30 年的高速经济发展确实大大缓解了物质的贫困：经济方面，1978 年 GDP 总量仅为 3624 亿元，2007 年已达到 246619 亿元，年均增长 9.7%，中国经济总量跃居世界第四，进出口总额位居世界第三，人民生活从温饱不足发展到总体小康，农村贫困人口从两亿五千多万减少到两千多万，人均 GDP 超过 2000 美元，进入中等收入国家之列和工业化中期阶段；社会和人类发展方面，根据 UNDP 公布而对各国人类发展指数 HDI，中国是 HDI 指数过去十几年排名上升最快的两个国家之一，由 1975 年的 0.525 上升为 2007 年的 0.8，已经超过世界平均水平；但是毋庸讳言，人们的欲望比物质财富增长得更快。相对于这种迅速苏醒、迅速扩张的欲望，以及我们庞大的人口规模而言，物质资源的丰富、物质贫困的缓解仅仅是初步性的。这种初步性主要表现在三个方面：一是表现在人均 GDP 上，2005 年我国人均 GDP 仅为 1703 美元，仅相当于美国的 1/25，日本的 1/21 和世界平均水平的 1/4，大体上与乌克兰、摩洛哥相当，全球排名第 110 位；二是分布极端不平衡，除少数高收入群体外，绝大多数处于社会底层的农民、工人生活中仍然捉襟见肘，经济处境尴尬，“中国已经从 80 年代初期收入比较平等，转变为目前世界上收入不平等程度比较严重的国家”[179]；三是相对于收入的增长而言，生活成本也在迅速扩张，其扩张势头甚至超过人均收入的增长速度，特别是教育、医疗、住房成本迅速由国家向民众转移，以至于被称为新的“三座大山”。乃至于有的学者已经明确断言，“美国式的生活方式不可能为全世界所复制，尤其不可能为有十三亿人口的中国所复制”[180]。

其次，自然生态资源贫困和脆弱。相对于我们的人口规模而言，我们在土地、水、能源、森林、矿产资源等基本方面都比较贫乏，而且整体状况仍在持续恶化，以至于 IPCC（Intergovernmental Panel for Climate Change）2007 年 2 月份最新发布的气候变化报告中认为环境恶化导致极端气候最有可能在中国发生。2007 年初东北的暴雪，2008 年初南方大面积的雪灾，2008 年 5—6 月份南方大面积的水灾即是现实例证。自然生态资源的贫困的制约在于：直接制约和影响经济的中长期发展；直接影响人们生活质量的提高；压缩改革和社会发展的空间，一旦经济动荡或危机爆发，回旋余地较小，社会经不起大的动荡。

最后，人力资源的贫困。对于现代经济发展而言，人力资源已经是不可或缺的一个宝贵资源。中国丰富廉价的劳动力是"中国制造"的最大利器，但是这种简单劳动力的丰富仅仅是一种低层次的丰富，而且这种优势也在逐步削弱，"人口红利"过后便是"未富先老"，劳资矛盾紧张所包含的民工健康透支也是对社会未来财富的透支。这里的人力资源的贫困主要是指高层次创造性人才的匮乏[①]，即创造力的贫困，这种创造力的贫困是无法用高等教育毛入学率、论文发表数量来衡量的，只能用自然科学和人文社会科学领域真正有创造性的成果（或发明专利，或论文著作等）来衡量，而我们在这方面的贫困不言自明。没有伟大的思想家、科学家，没有伟大的大学，缺乏充分激发并整合人的创造活力的机制。美国的强大不仅在于其经济第一、军事第一，而且在于美国有最好的大学、最好的思想家和科学家，有最能充分激发并整合人的创造活力的机制。创造力的匮乏有体制和传统的社会原因，也有个体和家庭的原因，但不论原因在哪，都是一种更具战略威胁的人力资源贫困。以"中国创造"衡量，人力资源的贫困仍然是没有改变的现实。

（2）制度贫困

制度贫困主要分为三个方面："良制"的匮乏；制度能力的匮乏；"良制"支撑资源的匮乏。

第一，"良制"的匮乏。这里讲的良制，是指既能够促进人本身的健康发展、社会自由和平等（人道），又能够实现有效人际整合（秩序），并有效促进资源持续开发和利用（效率）的制度。从实证的角度来讲，我们的法律制度多如牛毛。据统计，到2007年底，全国人大及其常委会共制定了300多件法律，11件法律解释，有关法律问题的决定122件，共计400多件；国务院制定了600多件行政法规，地方人大及其常委会制定了7000多件地方性法规和规章。但这些法律法规制度经常缺乏实质性的规范能力。我们真正缺乏的是简单有效的"良制"。制度的本意就是帮助人们解决各种问题的，只要制度起不到这种作用，它就徒具形式而已。例如，预防腐败的制度，我们既有离

① 一个明显的事例就是，现在各行各业，无论是管理人员还是技术人员，低层次人才供大于求，而需要创造力的高层次的人才则严重不足。

任审计，也有纪委日常监督，但这些制度经常不能有效发挥作用。换句话说，这些制度都不是有效的“良制”。

第二，制度能力的匮乏有两层含义：首先，建设“良制”的能力匮乏，我们不仅缺乏相应的理性和价值沉淀，也缺乏相应的耐心、责任心、眼光、毅力和魄力；其次，维护“良制”的能力匮乏，我们建设“良制”的能力薄弱，但我们破坏制度的能力却很强，几千年的传统智慧所沉淀的权谋人格和权谋沉淀能够攻破和扭曲任何严密的制度。

第三，“良制”支撑资源的匮乏。“徒法不足以自行”，“良制”的运行需要有良好的社会基础，我们缺乏支持“良制”运行的社会基础。一是社会的失衡和断裂[181-183]，包括城市乡村之间的失衡断裂、东西部地区之间的失衡断裂与阶层阶级之间的失衡断裂[28]，“良制”的运行需要良好的社会阶级－阶层结构为基础，一个社会性失衡和断裂过多的社会积累了太多的顽疾，无论制度多么优良也难以正常运行。二是社会自组织的缺乏，良好的社会自组织是制度运行的“源头活水”，没有良好的社会自组织，优秀的制度也只能逐步委顿乃至于失去生命力。三是集体性社会资本的匮乏[184]，集体性社会资本是超越个体和家庭单位的集体性合作解决共同问题的理性、价值、习惯和网络，是制度的润滑剂，缺乏集体性社会资本支撑的制度仅仅是干瘪的骨架。

(3) 精神贫困

灵魂性的精神贫困，主要是指信仰和信念的缺失。传统的儒家信仰已被历次政治运动和现代商业大潮冲击得七零八落，虽有呼吁①，但其现代重建却困难重重，以至于余英时教授称现代儒学为“游魂”[185]；西方的自由主义和基督教的影响在中国呈上升趋势，有一定的社会影响力，但恐怕行而不远。人的生存是需要意义的，这种深层意义的缺失助长了表层的浮躁。

现代公共性的缺失，主要指现代社会发达的公共领域所需价值和理性的贫乏。我们不缺乏个体和家庭（族）理性，但我们缺乏比个体和家庭（族）更高层次的集体理性，如社会理性

① 例如蒋庆、康晓光、陈明等自称的文化保守主义者。

和组织理性；在某种程度上，我们是一个建立在个体和家庭（族）理性之上的民族，而不是一个建立在社会理性和组织理性之上的民族，以至于杨国枢概括为“泛家族主义”，“家族即是中国传统社会内主要的团体或集体，自小生活中积累的强烈经验和习惯，遂使中国人养成一种很明显的心理和行为倾向，那就是将家族意外的团体和组织予以家族化，亦即将家族中的结构形态、关系模式及运作推广或概化到家族意外的团体或组织”[186]。我们不缺乏传统的个体和家庭（族）价值，但我们缺乏现代的契约理念、参与理念、权利理念、公民理念、自由理念、平等理念、人本身的尊严等现代价值。价值和理性的缺乏难以支撑一个健康有序、充满生机活力的现代社会。

公德性的缺失。主要体现在三个方面：一是道德规范能力下降，与之相伴的是整体道德水平趋于下降；二是在人与人的竞争中，规则、诚信起不到应有的作用，竞争结果经常有利于破坏规则、不讲诚信的人；三是公共生活的领域随着经济社会的发展而大幅度扩张，但公共领域健康运行所需的价值、伦理、官员并未跟上。

引导性价值的缺失。在一个社会处于转型的关键时期，我们缺乏真正的能够引导整个民族健康顺利转型的引导性共识和价值。社会转型是一个艰难而充满意外的过程，我们庞大的社会规模，积累深厚的问题，使之更甚；引导性的价值和共识意义在于有效地凝聚民心、民力，同舟共济，共同面对转型过程中的不测和意外甚至艰难，以期实现顺利转型；引导性的价值和共识使我们的转型之旅更加脆弱，甚至难以承受轻微的挫折。

科学性精神的匮乏。不朽的科学精神、深厚的科学传统是自主创新的不竭源泉。中国文化审美和道德传统深厚，但“求真”的科学精神、实证精神、逻辑意识却非常匮乏，延续至今仍未有根本性改变。这必然影响自主创新能力发展，影响科教兴国战略实施，影响可持续发展。

精神贫困在总体上表现为社会性的浮躁和低层次徘徊。比这个更重要的是民族性的自我反思和超越能力的匮乏，我们是一个善于忍耐、遗忘和同化的民族，而不是一个善于创新、反思和超越的民族。

物质贫困、制度贫困和精神贫困的并存和交织，形成一个恶性循环。物质—资源的贫困、制度的贫困、精神的贫困并不是三个独立发挥作用、互不干预的分离领域，它们不仅在横向上并存交织，而且在纵向的发展维度上也是并存交织在一起的。长时期的物质和资源贫困导致了精神贫困的积累和沉淀，而精神贫困又直接加剧了制度和物质的贫困，并使我们克服物质和制度贫困的过程更加艰难。对于中国的治理转型而言，不从根本上认识到三个层次的贫困并存和交织基础环境，不从根本上认识到三个层次的贫困并存和交织对治理转型的制约，不从根本上谋划在此制约下的治理转型战略，恐怕再好的思路和战略规划都会变形，沦为恶性循环的一个环节。

4.2.2　多领域贫困的并存和交织

从政治、经济、社会、文化诸领域来看，突出地表现为：一方面仍然维持对各个领域的强力控制，另一方面各个领域都存在深刻的问题和矛盾并且相互交织在一起。

（1）政治控制与政治不成熟

在政治领域，强有力的政治控制与民族的政治不成熟交织在一起。一方面，通过组织、宣传、吸纳—转化等有力措施，政治控制依然很强，积累深厚的社会矛盾难以集中转化为政治矛盾，当然也难以通过组织转化为宪政建设的强大推动力。另一方面，作为一个民族在现代政治上仍然处于很不成熟的阶段，现代政治所需要的理性、理念和传统非常匮乏，反而传统政治的理性、理念和传统仍然异常发达，行之有效。政治的不成熟成为加强政治控制的理由之一，政治控制反过来又压缩了政治成熟发育的空间和机会。

（2）“官僚市场经济”与经济基础脆弱

在经济领域，一方面，非公有制经济已经占据半壁河山并成为就业和经济增长的主要来源，但“在中国官僚市场体系下，私有企业家建立像美国微软那样的大型跨国企业或者中国台湾地区和香港地区那样小规模却十分成功的企业纵然不无可能但也是极端的困难。”所以邹至庄把中国的市场经济称之为“官僚市场经济”[187]；另一方面，国有经济仍然牢牢控制着国民经济的命脉，垄断行业的改革亟待深入，即使在非公有经济中，具有权力背景的经济成分仍然是最大的赢家。20 世纪 80 年代，社会资源配置呈现出扩散趋势，但是进入 20 世纪 90 年代以后，社会资源重新集聚到少数地区、少数群体甚至少数人手中[8]207-214。按照基尼系数衡量，现在已经达到 0.465，少数人占有了大多数财富，经济领域的矛盾深刻而尖锐。虽然现在仍然维持较快的经济增长速度，但诸多中长期因素表明，我国的经济基础仍然是很脆弱的。

（3）社会控制与社会断裂

在社会领域，非政府组织的发展以及密切相关的公民社会的发育仍然牢牢控制在政党—政府手中，扮演一个帮忙而不能添乱的角色，碎片化的社会矛盾难以威胁到整体的社会稳定，只是增加了危急时刻共振的可能性。与之并存，随着市场经济的不平衡发展，社会阶级—阶层结构、城乡结构、地区结构出现深刻的断裂，不同时代的东西共存于同一时代，增强了社会的异质性和整合难度，行政性整合日益建立在一片流沙的社会基础之上。

（4）文化控制与文化冲突

在文化领域，通过宣传机构，仍然维持着较为有效的文化控制，虽然网络的兴起给予传统的文化控制以有力挑战，但很多研究表明，事实并没有那么严重，甚至传统的思想和舆论控制利用网络得到了某种程度的加强。但有效的文化控制并不能取代和解决深层次的文化冲突，甚至也不利于其自发演进的解决，只是使之更加隐性化。在精英文化层次，新左派、自由主义、新保守主义成为三种最有影响力的思潮，三者在对现实的认知、对未来的建构上存在根本性分歧；普通民众虽然远离“主义”，但是对现实的认识、对未来的认识同样四分五裂、自相矛盾。在民族性价值共识基础上的文化多样性是互补，而在缺乏民族性价值共识基础上的文化多样性则蕴含着潜在的冲突和分裂；文化的多样性是社会进步的体现，问题在于能否实现有效整合和互补，而这是文化控制鞭长莫及的。

综合以上四个领域，可以发现，有力地控制维持着表面的政治和社会稳定，不仅不能解决各个领域深层次的矛盾积累，甚至使之更加恶化；而这些领域的矛盾积累相互错综复杂地交织在一起，与行政性控制的内在矛盾日益深刻，为未来矛盾的爆发积累能量；不仅如此，这些错综交织的矛盾破坏性有余而建设性不足，即使瞬间的爆发摧毁了行政性整合机制，其自身能否形成新的高层次整合机制并将矛盾的解决导入良性轨道，仍然是值得怀疑的。失去行政性整合之后的另一幅图景可能是冲突、分裂和自相矛盾。

小　结

虽然向以宪政为基础的现代治理转变是中国治理转型的大趋势，但是中国治理转型的基础环境是很不理想的，这对中国治理转型的模式选择提出了更高的要求：既要考虑最终目标，也要考虑过程，更要考虑路径依赖和衔接。

第 5 章　突破治理转型困境的关键：党的转型与宪政发展的良性互动

本书认为，突破治理转型困境的关键所在是：中国共产党能否通过自身的创造性战略转型适应并促进以宪政发展为主要内容的治理转型。这种界定暗示了这样的想法：从客观历史发展的角度，而不是从主观价值预设的角度来说，中国共产党的转型不构成以宪政发展为主要内容的结构性治理转型的必然前提，它只能在主观态度上选择；从历史的角度看，以宪政发展为主要内容的结构性治理转型也不以党的转型为必要条件，但这并不是说以宪政发展为主要内容的结构性治理转型不需要党的转型；无论从现实路径依赖的角度，还是从理想期望的角度，两者之间的良性互动，即中国共产党通过自身创造性的战略转型积极适应并促进以宪政发展为主要内容的结构性治理转型，是非常值得努力的一个选择，而且也有继续挖掘的潜力和发展的可能。笔者把这个问题分为四个部分论述：第一部分，诺斯悖论视野下的政党转型困境，即在新形势下，政党重新面临自身利益最大化和社会产出最大化之间平衡的矛盾；第二部分，宪政发展的潮流和内在困境，即至少在一段时期内，中国宪政难以自主自立自足的自我发展；第三部分，党的转型与宪政发展两者是存在交集的；第四部分，指出制约党的创造性战略转型的一个理论误区，对党的领导和党的领导的实现形式未作明确区分。

5.1 诺斯悖论视野下党的转型困境

5.1.1 党的合法性困境

政党领导的合法性主要来源于以下几个方面：意识形态；促进经济增长、促进社会公平等方面的“政绩”；基于选举等程序的法理合法性[188-192]。改革开放 30 年，随着经济社会的发展和对外开放的深入，政党的合法性基础也在面临新的挑战：意识形态感召力实质上在不断下降，法理合法性的不足也日益受到公开的质疑；在意识形态和法理合法性不足的情况下，政党的合法性日益依赖经济增长、社会公平等“政绩”来支撑；但受经济周期、结构制约等限制，政绩合法性是注定难以持久而且是有限度的，党的领导日益面临价值选择与合法性资源衰竭的矛盾；要坚持和加强党的领导，必须开发新的合法性资源。

2002 年以来的战略转折，提出在发展上要坚持科学发展观，建设社会主义和谐社会，强调基本民生和社会公平，有利于补充和增强党的合法性，但是前已述及，仍然没有根本摆脱政绩合法性的窠臼，达到一定程度之后其所带来的新的合法性就会衰退。

假如停留在政绩合法性的思路上，那么，“公平新政”之后最能够带来新的合法性的就是推动以现代宪政为核心的治理结构的结构性转变；假如要铸造持久的合法性，则仅在推动治理结构转变的过程中政绩显著还是远远不够的，持久合法性立基于政党在现代公共治理结构中的合理的功能定位。无论是推动宪政发展，还是寻求在未来公共治理结构中的合理功能定位，都离不开政党在组织、意识形态以及运行方式上的彻底转型。

5.1.2 诺斯悖论视野下的政党转型

“诺斯悖论”从属于制度创新理论，是以诺斯（Douglass C.North）为代表的制度创新理论的基本命题之一，描述的是国家与社会经济相互联系、相互矛盾的关系形态，即“国家的存在是经济增长的关键，然而国家又是人为经济衰退的根源”[193]。

按照制度创新理论，这一矛盾产生于国家相互矛盾的双重目的：第一，界定形成产权结构的竞争与合作的基本规则，即在要素和产品市场上界定所有权的结构；第二，在产权结构的框架内通过输出国家公共产品、提供公共供给、降低形成契约的交易成本，以使社会产出最大化，从而增加国家税收。问题在于，这样两个目的经常并不一致，或处于冲突状态：第二个目的意在实现完全有效率的产权，进而使社会产出最大化；第一个目的则在于确立一套保证统治者利益最大化的基本规则。“悖论”由此产生。在诺斯看来，这种悖论反映了国家与社会关系的基本矛盾，是导致社会不能实现持续经济增长的根源[194]。简单地说，“诺斯悖论”即统治者的租金最大化和社会产出最大化之间的冲突。陈文申认为，“诺斯悖论”在根本上是不可解的，然而，通过制度在产权、国家、意识形态三者之间建立起良性的互动关系，进而通过不断的制度创新实现制度均衡，使国家对社会经济的人为破坏较之国家对社会经济发展的促动作用为轻却是可能的[195]。

诺斯悖论分析的是国家，那么能否用诺斯悖论来分析政党和政党转型呢？笔者认为可以。这是因为，首先，中国共产党在中国治理结构中的地位是特殊的，很大程度上是高于政府、人民代表大会和司法机构的实质性公共法权机构，这一点截然不同于西方一般意义上的政党；其次，诺斯悖论所分析的国家是作为社会统治者的国家，是否是社会的统治者，是适用诺斯悖论的主要判定依据，中国共产党作为中国社会主义事业的领导核心，即为西方话语中社会的“统治者”。换言之，笔者认为应该重视诺斯悖论所表达的精神实质，而非拘泥于外在的概念名词；以其精神实质而言，完全可以用来分析中国共产党的转型。

改变社会适应自身还是改变自身适应社会，这是中国共产党的转型所面临的根本矛盾。面对来自于国内外日益澎湃的治理转型压力，“社会产出最大化”的内容在新的阶段在悄然转变，经济增长和社会公平已然难以满足“社会产出最大化”的新要求，以建立现代宪政为核心的治理结构转变日益成为“社会产出最大化”的主要内容，“租金最大化与社会产出最大化”

之间的失衡也随之日益严重。要修复失衡建立新的平衡，是通过自身转型来促进以现代宪政为核心的治理转型和发展，还是力图改变社会来适应自身“租金最大化”的需要；显然，理性与实践的徘徊和迷茫可以理解，但是历史的答案只有一个，潮流所系，顺之则昌，逆之则亡。即：要在新形势下坚持党的领导地位，只有通过自身思想、组织、功能上的彻底转变，适应并积极促进以现代宪政为核心的治理转型和发展，并最终建立新的平衡。

5.1.3 政党建设的两个错误思路

（1）错误思路之一：加强“全能型政党”[①] 建设

从长远来看，加强“全能型政党”建设的思路在短期甚至中期都会比较有效，但长期合理性如何仍有待于检验。在一个多样性、异质性、开放性不断增长的社会里，一个无所不包的“全能型政党”也就意味着把社会性的矛盾和冲突纳入到了党内，这必然对我党政治吸纳、政治转化和政治整合的能力提出了更有力挑战。如果相应吸纳、转化和整合的能力跟不上，加强“全能型政党”建设的思路和举措很可能为下一步党的建设和转型埋下了隐患。

（2）错误思路二：中国共产党转化为依靠竞争性选举执政的“西方式政党”

一部分宪政论者不言自明的一个前提是，中国共产党只有转化为依靠竞争性选举执政的“西方式政党”，同其他政党在政治法律地位上完全平等，相互之间完全依靠竞争性选举来决定谁执政，现代宪政才能够真正建立，即“多党政治、竞争选举”的思路。这个思路是一个过于乐观的思路：首先，不利于坚持党的领导，以及维持与之紧密联系的组织性政治社会整合；其次，即使刨除以上所坚持的价值前提，这也是一个未经证明的思路，考虑到我国脆弱的文化社会整合、脆弱的生态能源基础、已经高度一体化的生产生活系统、太多的问题和矛盾积累、某些国家分裂中国的企图，以及历史造成的“玻璃桶装散沙”式

① “全能型政党”的提法参见 P53 页注②。

的政治社会稳定，在组织性政治社会整合骤然结束后，社会能否通过自身组织化形成更高层次的秩序，而不是带来“政党乱局”“大坝僵局”“清算结局”“胜负定局”，至少很多学者的判断是悲观的[196]。毕竟，彻底否定党的领导和重建社会秩序不是一回事，正如亨廷顿所言：“人们常常断定废除独裁会导致民主的确立。不过，事实上，一个非民主的政权更可能被另一个非民主的政权而不是一个民主的政权所取代。此外，导致结束非民主政权的诸因素也许完全不同于那些导致创立民主政权的因素。……在最简单的层次上，民主化涉及：①威权政权的终结；②民主政权的创设；③民主政权的巩固。导致这三项发展的原因可能各自不同，而且会相互矛盾。”[197]

5.2　宪政发展的潮流与困境

宪政发展是潮流所系，成熟的宪政孕育着稳定，但宪政发展的过程却孕育着不稳定，对此，亨廷顿作出了卓越的证明。世界范围内的发展实践也证明，第三波民主化中摆脱集权统治的近 100 个国家中，只有 20 个左右有望建立日渐成熟的、运转良好的宪政制度，其他均不同程度地出现回潮或处于动荡之中。理论和实践都在不断地证明，宪政发展和成熟离不开一系列内在的支撑条件，这些条件至少包括：较为丰富的物质—资源基础；较为合理的阶级阶层结构；活跃的公民社会；没有深厚的社会矛盾积累；适宜宪政发展的政治文化和制度基础；适宜宪政发展的政治力量结构。

以这些条件来衡量宪政在中国的发展和中国内在的支撑条件，均有较大欠缺。

从物质—资源、制度、精神三个层次，以及经济、社会、政治、文化四个领域而言，上面已经论证了深化治理转型的基础环境之一是多层面的贫困和交织。很显然，这对于宪政发展是一个根本性的制约。

从阶级阶层结构角度来讲，一般认为，强大的中产阶级是宪政稳定发展的基石，在中国至少有几个问题：中产阶层相对而言比例偏小，“中产阶层的比重即使最高估计也不过 20%”[198]，而且，由于庞大的农村人口，“中国要出现西方‘橄榄型’中产阶层式的社会结构目前仍是一个遥不可及的梦”[198]24；处于形成期的中国中产阶层，具有高度的异质性，也缺乏明确的阶层意识；由于现行政治结构和意识形态等原因，中产阶层的政治参与规模和水平很低，自身组织化程度更低，整体上，这只是形成中的一个社会阶层，不是成熟的社会阶层，更谈不上成为强大的政治力量[198]8。显然，对于中产阶层在中国宪政发展中的稳定作用和推动作用，难以作出乐观的估计。

从公民社会的角度来讲，中国的公民社会内受资金、文化、制度的困扰，外承有力的政治控制和商业腐蚀，基本处于帮忙可以，但要通过社会自组织推动宪政发展，却是困难重重、力不从心。

从政治力量结构角度讲，正如强世功所言：“宪政转型绝不是一个宪法学家所理解的宪法条文的修改问题，而是隐藏在宪法背后的各种政治力量，包括国内力量和国际力量，对主权的争夺……”[199]“中国宪政的历史经验表明，宪法没有政治力量来保护，只能是一纸空文，《中华民国临时约法》即是如此。宪政的历史表明，宪法必须用法律之外的政治力量来捍卫。”[199]103

政治权利的实质性缺席和有力的政治控制有利于防止社会矛盾向政治矛盾的转化，有利于控制性稳定，但却不利于公民社会健康发育，也不利于形成宪政发展的政治力量结构。这种控制性稳定在现代社会是难以持续的：一方面，这种控制性稳定自身处于不断衰退之中，思想和信息控制面临越来越大的挑战，很多时候收效甚微甚至适得其反。另一方面，由于缺乏思想和信息控制的配合，孤立无援的组织控制有力也有效但也在制造更为长远的、内在的不满；不利于权力监督和规范，难以有效遏制腐败，而大面积的腐败会降低政治合法性；不利于权利的自我规范和成熟，由于缺乏凝聚和组织，难以有效通过正常渠道影响政治，但在危机时刻，却为能量的总爆发和共振提供了丰厚积累。如上所述，不利于公民社会发育，不利于形成有利于宪政发展的政治力量结构，从而为未来的宪政转型埋下了不稳定的隐患。

以上分析说明，宪政在中国的转型还欠缺一些基本条件。

当然，我们不能等到这些条件都具备了再去发展宪政，宪政之初总是不成熟的；不成熟可以，但是假如不仅是不成熟的问题，而且可能导致社会动荡，那么在我们这样一个超大型的复杂社会就应该谨慎对待了。基于以上分析，我们有理由认为，快速的民主化，以"党禁""报禁"为特征的政治控制的迅速开放，以及伴随的迅速社会组织化，很有可能导致社会动荡。我们过去的历史制造了这样一种悲剧性的悖论：依赖宪政发展才能够根本上摆脱"治乱循环"的治理困境，达致长治久安；但历史的积累却难以支撑迅速的宪政转型，否则，欲速则不达。

在此，有必要对蔡定剑先生的观点作一个评价。① 在《中国选举状况报告》一书里，依靠实证调查蔡先生否定了"中国人素质太低，搞不了选举"的定论，认为根据经济发展水平、文化教育程度、政治身份、个人利益与选举行为相关性的调查来看，普通群众也许不懂政治知识，但只要是利益所系，都懂得选举政治，不存在素质低不懂选举的问题，并且得出了"民主选举——由'乱'到'治'"的结论[235]。但需要说明的是，蔡先生的研究有几个隐含的前提：第一，所考察的主要是基层有限范围内的直接选举，特别是村委会选举和县乡人大代表选举，范围的有限性难以说明整体社会失衡断裂（阶级—阶层、区域、城乡）所造成的复合性矛盾，而且这个层次处于政治控制的边缘，即使试验失败也不会危及整体政治稳定，导致政治动荡；第二，所考察的主要是整体政治运行中的选举环节，特别是收入、文化、职业、政治身份、利益等因素与选举能力和选举参与的相关性，而没有涉及与现代选举相关的政党组织、政治动员、政党竞争；第三，所考察的选举实际上是在有效控制范围内的一种有秩序保证的选举，这种控制可能来源于上级，也可能来源于党的组织，这是选举的主持者和仲裁者；第四，所考察的选民基本上是原子化的选民，而不是通过政党动员和组织的选民，而一旦超出基层熟人社会，将选举范围扩大，一定形式的政治中介就成为选举的必经途径；第五，隐含的一个期望实际上是在党的领导下改革选举制度，扩大真正的民主选举；

① 笔者对蔡先生及其为人、治学非常崇敬，但对其学术观点并不完全赞同。

第六，主要从技术上、程序上的一种选举考察，法学视角多于政治学、社会学视角，没有把选举作为宏观政治和社会运行的一个环节来考察，当然也就没有注意到宏观的政治社会矛盾通过选举环节的转化或爆发，整体政治社会力量通过选举环节的竞争或合作。一旦到整体的社会性宪政转型，这几个隐含的前提都不一定具备，因此，"民主选举——由'乱'到'治'"的结论或许是值得推敲的。

即使在西方国家，民主也不是唯一的政治机制，其发展也迟于法治、宪政、共和的发展。正是早已比较成熟的法治、宪政、共和等相关政治机制的引导，才使现代民主逐步发育成熟。没有历时态上法治、宪政、共和等相关政治机制的早发展和引导，没有横向上法治、宪政、共和等相关政治机制制约，民主难以有效扬优避劣。民主是传统治理向现代治理演变的基本动力之一，也是现代治理的基本支柱之一，中国的治理转型不能没有民主，但是假如我们的治理转型把西方后发的民主作为出发点，则很有可能未获其利，先收其弊，民主固有的优势没有发挥出来，其弊端和劣势反而展现得淋漓尽致。对于中国而言，首先需要有效的政治社会整合。至少在一段时期内，通过组织控制实现社会整合难以彻底退出历史舞台，自由民主论者、公民社会论者、市场论者是过于乐观的；对于宪政发展而言，不断宽松的组织控制整合或许比失控的政治社会整合更好。

5.3 宪政发展与党的转型的交集

我国现阶段确立的治理转型的最高原则就是"党的领导、依法治国与人民当家作主"三者的有机统一，该原则实际上包含了两个并列的价值前提：坚持党的领导；坚持发展和完善包含民主、法治、共和在内的现代宪政。我们经常一般性地强调三者在政治上是有机统一的，但如前所述，如果坚持"全能型政党"建设的思路，两个并列的价值选择之间的内在矛盾是难以调和的。要在新形势下坚持党的领导地位，只有通过自身思想、组织、功能上的彻底转变，适应并积极促进以现代宪政为核心的治理转型和发展。

5.3.1 交集的前提

第一，中国共产党通过自身意识形态、组织形式、领导方式的转变彻底实现由“全能型政党”转变为“功能型政党”，合理定位自身在治理转型过程中以及未来治理结构中的价值和职能。

第二，在治理转型过程中，以及在未来治理结构中，坚持和维护党的领导权威，坚持建设性的转化中国共产党的政治权威。

第三，包含政党、政府、社会在内的多元主体合作推动传统治理结构向现代治理结构可持续的、健康有序的、彻底的转变。

第四，在治理转型过程中，正确处理整合、改革与发展的关系，避免社会的动荡和分裂。

5.3.2 社会可接受程度

首先，治理转型整体上要求：在目标上通过对中国国情和现代社会基本价值的创造性结合实现传统治理结构向以宪政为核心的现代治理结构的转变；在过程上保持整合、改革与发展的有机统一，保证转型过程的整体有序性。这也是历史潮流所系，民众最高利益所系。这两个规范标准都不必然地排斥中国共产党的领导地位；相反，其领导权威的建设性转化很可能有助于以上两个规范标准的实现。

其次，治理转型的根本目的是民意得到畅通的表达，民众利益、民众权利得到有效的保障，而不是否定党的领导；相反，如果中国共产党通过自身意识形态、组织形式、领导方式的转变彻底实现由“全能型政党”转变为“功能型政党”，合理定位自身在治理转型过程中以及未来治理结构中的价值和职能，那么会有助于治理转型根本目标的实现。

最后，迄今为止，在道路和方向的选择上，中国共产党仍然牢牢掌握着主动权，未来的道路和方向很大程度上取决于中国共产党的态度、理性、选择和作为。

5.3.3 中国共产党能够作出理性的选择

在理论上，笔者认为中国共产党能够作出既有利于加强党的建设，也有利于宪政发展的理性选择。理由如下：迄今为止，政党尚有很大主动权和选择空间；党的政治精英和普通党员都在逐步摆脱传统意识形态的刚性约束，坚持党的领导并维护和加强党的领导的合法性成为首要的选择；处于中国共产党党内政治精英的政治理性可以达到和接受的范围之内；中国共产党也不断在理论上和实践上探索党的转型，探索在新形势下如何坚持和加强党的领导，探索党本身在治理转型过程中以及在未来治理结构中的合理定位，而且其视野和思路日益开阔，态度日益开明；只要能够较好地解决新形势下党的转型的诺斯悖论，实现两个最大化的平衡，处理好两个并列的价值选择之间的内在冲突，较好地实现“党的领导、依法治国与人民当家作主”三者的有机统一，就是可以接受的选择；在内外开放的形势下，国内外不断加大的治理转型压力是党自身转型的一个外在动力；坚持党的领导权威的建设性转化有利于保持治理转型过程的有序性和结果的彻底性，符合中国共产党代表中华民族利益、代表广大人民群众利益的最高宗旨；官民矛盾是中国历史上一线贯穿的基本矛盾之一，迄今未有根本性改变，党如果在指导思想和实际运行上坚持“以党代政”“代民议政”，就实际选择了站在官的一边，成为矛盾对立面的一方；而如果由“全能型政党”转变为“功能型政党”，站在中间的位置教化双方、维持秩序、裁决争议，则不仅有利于促进官民矛盾的良性互动发展，也有利于坚持党的领导和党的合法性重构。

综上所述，由“全能型政党”转变为“功能型政党”，既有利于坚持党的领导，又有利于推动彻底的、渐进有序的治理转型，至少在理论上是可能被中国共产党接受的。

5.3.4 交集的优越性

（1）有利于坚持党的领导

在过程上，在经济发展、社会公平之外开辟了新的合法性来源，以推动宪政发展作为合法性来源至少可以维持较长的时期；在结果上，确定了政党在未来公共治理结构中明确的价值和职能定位，为党的建设明确了方向。无论在过程上，还是在结果上，都明确了党的主导地位，能否成功应对民意释放、政府—人大转型所带来的治理挑战，主要取决于党的自我转型和现代治理能力增长。

认为“全能型政党”转变为“功能型政党”不利于坚持党的领导地位的观点是错误的。首先，它假设了中国共产党现在的领导形式是合理的，不需要大的变革和调整就可以适应经济社会发展的需要，这一点已经被政治领导人和大多数学者所否定。其次，它假设坚持“全能型政党”政党建设的思路就能够迎接挑战，不需要在价值和职能定位上进行调整，前面已经叙述了这种思路的肤浅。最后，“全能型政党”转变为“功能型政党”立足现有政治权威的建设性转化，无论在治理转型过程中，还是在未来的公共治理结构中，都明确了其主导地位，而且有明确的价值、职能定位和组织依托（单就组织依托而言，其组织的广泛性、普遍性、渗透性远远超过政府和其他经济社会组织）；循此思路推进党的转型和发展，只能是增强党的合法性，加强其主导地位，而不是相反。所以，“全能型政党”转变为“功能型政党”表面看好像是在“退”，实际上是更好地“进”。

（2）有利于推进以宪政发展为主要内容的治理结构变革

以此作为治理转型的模式，坚持和加强党的领导，很大程度上取决于党的自我转型和现代治理能力增长，而这有利于推进宪政发展；政府—人大在政党监督下逐步直接选举产生，从制度上彻底解决对政府—人大的监督问题；公民社会的发展、政府—人大转型所带来的治理挑战又给政党转型和现代治理能力的增长以强大外在压力，促进其转型的彻底性。

认为坚持党在治理转型进程及最终公共治理结构中的主导地位背离现代治理精髓的观点是错误的。首先，无论在治理转型进程中还是在最终公共治理结构中，政党的合法性、主导地位、价值与职能定位都建立在促进宪政发展、维护宪政健康运行上，巩固其合法性、加强其主导地位的过程就是促进宪政发展、维护宪政健康运行的过程，而不是相反。其次，虽然在最终公共治理结构中，政党仍然具有主导地位，但是其权力和运行是基于宪法和法律明确规定的，既受其他公权的制约，也受权利的制约，这意味着它已经不是传统的"全能型政党"了，而是现代治理体系的一个有机组成部分。最后，民主、法治的发展，政府与人大的转型，公民社会的发展，不仅促进了传统治理向现代治理的转变，也为政党治理、政府治理、社会治理的均衡和有机互补奠定了坚实基础。

（3）有利于保持治理结构变革的有序性和彻底性

对于中国而言，传统治理向现代治理的演变是一个较长的过程，在此过程中，权力与权力、权力与权利、权利与权利的博弈将是贯穿传统治理向现代治理演变进程的一条主线。考虑到中国治理转型的基础环境，我们应当在制度上防范由于政治权利的实质性释放可能会带来爆炸性参与并进一步带来动荡。针对这种情况，西方发达国家的成功经验是政治问题法律化，由司法裁决政治纷争；但在中国这样情况异常复杂的国度，司法系统是难以承担维护最终秩序的"中流砥柱"重任的。承认中国共产党在治理转型进程以及在最终治理结构中的主导性地位，首先是为这段复杂莫测的"历史三峡"之旅在政治上、法律上建立一个中流砥柱，将其置于"有序"的磐石之上。从而渐进性地促进现代治理因素的发育和巩固，最终将现代治理形式置于坚实的社会文化根基之上；其次是为维护未来公共治理体系的健康运行建立一个基于法律的监管者。

这并不是一次性解决所有问题的思路，而是通过治理形式的创新来更好地容纳现在及未来治理转型内容的发展，把主要矛盾的解决导入良性循环轨道的思路；思想理念的初始跨度较大，但是在政治组织上的初始跨度并不大，而且在跨过第一步以后，不仅在过程上有利于保持治理转型的有序性，而且由于在结果上各自价值和职能定位明确，循环的互动并不能导致矛盾深化，而是使结果日益彻底。

小 结

实现政党转型与宪政发展两者的良性互动发展，在过程上、结果上较好地实现政党治理、政府治理、社会治理的良性循环和互补，不仅是期望的目标，而且在理论上也是完全有可能的，前提是：中国共产党自身在组织、思想、功能上的创造性转型。

实现党的领导由“全能型政党”向“功能型政党”的现代转变，必须在理论上明确区分党的领导和党的领导的实现形式，摆脱把两者捆绑在一起的思想误区。

坚持党的领导是治理转型的原则，而党的领导的实现形式是手段，两者完全属于两个层面，不可等同；党的领导要通过一定形式体现，但形式是可以变的，不宜把一定形式和原则捆绑在一起；与时俱进的形式变化有利于加强和坚持党的领导；中国共产党现在的领导形式在基本内涵上是特殊时期的产物，很大程度上已经不适应今天经济社会迅速发展的需要；把党的领导的实现形式和坚持党的领导原则区分开，坚持形式为原则服务，既是新时期与时俱进的加强党的建设的内在要求，也是改革开放以来我党加强和改善领导的一贯做法①。

① 例如，改革开放以来三代领导人一直强调要坚持党的领导：邓小平结合“文革”的教训在党的建设上强调制度建设、党政分开，江泽民提出了“三个代表”的重要党建思想，胡锦涛在加强党的执政能力、发展基层党内民主方面做出了很多努力。从中可以看出，党的领导原则不容改变，但是形式是为原则服务的，在具体实现形式方面的探索一直没有停止。

第 6 章　治理转型的文化资源和进路

以上几章从客观方面分别分析了治理转型的现实困境、制约治理转型的基础环境以及实现治理转型突破的关键所在。我们拥有哪些文化资源和进路可以用来思考和解决这些问题，正确认识影响中国治理转型并与现时中国治理转型和模式创新密不可分的不同治理传统[①]非常重要。以此为出发点，本章首先比较和分析了影响我们对这些问题的思考和行动的三种治理传统：2000 多年的皇权专制—差序格局的中华治理传统，自 1949 年中华人民共和国成立开始的全能社会主义治理传统，西方的宪政治理传统及中国短暂的宪政实践（对三种治理传统及其相互关系的分析，内容详见第 2 章 2.3 节）。然后，集中探讨了从“以道驭势”的传统中华治理理想出发，建设性地汲取宪政治理精髓，通过中华治理传统的现代重建摆脱现时的政治文化危机，实现治理转型的新进路。

6.1　分析框架：价值、制度、行为与救济机制

每一种治理传统都蕴含着独特的价值追求、相对成体系的制度、较为稳定的行为模式，以及相应的救济机制。

所谓价值，是指一个治理传统所体现出的思想和价值追求，即治理所立基的哲学理念。具体可以区分为：治理的合法性基

① 注意：本书有时用治理传统的概念，有时用治理模式的概念。治理传统是对一组类似治理模式的概括，治理模式是治理传统的具体化。例如：宪政治理传统包含着美国模式、英国模式、法国模式等不同的具体治理模式，中华治理传统也包含着汉、唐、元、明、清等不同的具体治理模式。

础；治理的理想；治理所期望的普遍道德，为达到共同治理理想和普遍道德状态所进行的治理教育。

所谓制度，是指一个社会为贯彻其治理的哲学理念所制定和推行的较为系统的规则体系。主要包含以下几个方面：谁掌握权力，以什么方式掌握权力；统治者以什么方式实施有效的统治；被统治者的义务和权利是什么；统治者和被统治者之间的关系。

所谓行为，是指一种治理传统所蕴含的较为稳定的政治行为模式。它反映了治理的价值，也反映了治理的制度，更反映了两者之间的矛盾和背离。具体包括：政治精英的行为；普通官僚的行为；社会精英的行为；普通民众的行为。

所谓救济机制，是指一种治理传统内蕴的补救其运行过程中所出现偏差的机制。治理传统具体体现为特定的治理模式，每一种治理模式在运行过程中必然会出现各种各样的偏差，每一种较为成熟的治理模式自身也都包含着补救这种偏差的机制，这就是救济机制。救济机制主要包括以下几个方面：如何监督和处罚失职的官僚；如何挽救官僚体系的失误或失职造成的社会伤害；如何调节社会不同群体的矛盾；如何处理被统治者对统治者的不满。

下面将从价值、制度、行为、救济机制四个方面更详尽地分析和比较与中国治理变迁进程密切相关的几种治理传统。

6.2　中华治理传统的内在矛盾与时代局限

中华治理传统系指中国自秦汉以来绵延至清末方在形式上正式结束的治理传统，它两千多年的历史深刻地形塑了中华民族的性格，并深刻影响着现在及未来中国的治理变迁进程。

6.2.1　中华治理传统的价值体系（“道统”）

虽然在传统中国，法、道各家与儒家并存，但在分析中华治理传统的价值体系仍以儒家为主。“中国传统的价值系统是以儒家为中心而形成的，汉代以后有佛教和道教的崛起，许多民间的价值观念往往依托在佛和道的旗帜下，但是整体来看，儒家的中心地位始终是很稳固的。”[201]这基本上是一个共识。

统治者的三重合法性。一重是神圣合法性，即中国的最高统治者均自视为授命于天进行统治，所以称之为“天子”，并在下命令的时候前缀曰“奉天承运”。例如，汤在讨伐夏桀时曾说：“格尔众庶，悉听朕言。非台小子，敢行称乱；有夏多罪，天命殛之……予惟闻汝众言；夏氏有罪，予畏上帝，不敢不正……尔尚辅予一人，致天之罚，予其大赉汝。”① 而秦始皇则在玉玺上刻上“受命于天，既寿永昌”的文字。既授命于天进行统治，亦受天命的约束，在有大灾大难昭示天的不悦之时，则统治者需要反躬自省统治的缺陷，并下“罪己诏”自责。二重是“道统”合法性，自文王周公以后，“道统”与“政统”分离，由士人集团来承担“道统”，“道统”上承天命、下应民心，引导、评判和驾驭“政统”。第三重是民意合法性，所谓“天视自我民视，天听自我民听”②，天命的约束、惩罚或褒奖均以民众对统治的满意程度为标准，倘天子“逆天而行”，暴虐无道使百姓受苦，民众是有权推翻他的，例如孟子就曾经说过：“闻诛一夫纣矣，未闻弑君也。”③ 所以在神圣合法性、道统合法性与民意合法性之间是有紧密的关联的。

治理的理想。对统治者（或统治）的理想就是“内圣外王”，即合格的统治者（或统治）应该实现道德与政治的高度有机的统一，由“内圣”而“外王”，“内圣”是“外王”的前提和基础，“外王”是“内圣”的自然延伸和必然结果，“修己”自然能“治人”，“治人”必先“修己”。唯此，才能“风行草偃”，德化天下。但是，这种理想实在有些高不可攀，鲜能达到，即使在孔子看来，也只有尧、舜、文王、周公（及相应时期）能够达到，随后就没有了。所以，退而求其次的较为现实的治理理想是“以道驭势”，即强调“道尊于势”④，士人必须坚持“道统”，并以“道统”来引导和驾驭“政统”。基本的方式有两种：一是对“势”的教化、引导和劝诫，即所谓的“为帝

①② 《尚书·汤誓》。

③《孟子·梁惠五》下。

④《孟子·尽心》上。

王师”；二是如果第一种方式无效，则“从道不从君”，坚持从“道”出发，对“势”不仁、不义、不智的行为进行客观批判。需要注意的是，由于在专制治理模式下，不受制约的权力始终是感受最深刻的灾难源泉，因此，“势”更多指向权势集团。

治理所期待的普遍道德状态。中华治理传统中理想的道德状态是“君明臣忠民顺”，三者各尽本份，形成“善治”；所以当皇帝的要自觉以“为君之道”约束自己、加强修养，当臣子的要自觉以“人臣之道”约束自己、恪尽职守，而当百姓的要自觉以“良民”为标准要求自己。如果三者都能恪守本份，孜孜以求，则“大道之行也，天下为公，选贤与能，讲信修睦。故人不独亲其亲，不独子其子，使老有所终，壮有所用，幼有所长，矜、寡、孤、独、废疾者皆有所养，男有分，女有归。货恶其弃于地也，不必藏于己；力恶其不出于身也，不必为己。是故谋闭而不兴，盗窃乱贼而不作，故外户而不闭，是谓大同”①。对大同社会的描述不仅表明了理想状态，也描述了理想社会状态之基础的道德水平。所以，徐复观将中华治理传统称为“以‘礼’经纬其间”的“德治主义”[202]。

为达到理想治理所进行的教育。中国传统社会是一个“礼义以为纲纪，教化以为根本，明刑以为助”的社会，因而“为政之本，风化是先”“习礼让之事，消祸乱之源”。通过教育贯彻道统，是中华治理体系的最大特色，所谓“修道之谓教”②，“建国君民，教学为先”③。中华治理体系历来是政教合一的，但是这个教不是宗教，而是教育。要使中华治理的各种理想得到较好的实施并健康运行，教育在整个治理体系中处于非常基础、非常关键的位置。如徐复观所言：“孔子在政治上的无为思想，究其极，乃是要以教育代替政治，以教育解消政治的思想。这是德治最主要的内容。”[203]这种教育又可区分为三个方面：对最高统治者（君、皇帝）的教育，对臣的教育，对民的教育。

对最高统治者（君、皇帝）的教育。以儒家文化为代表的

---

① 《礼记·礼运》。
② 《中庸》。
③ 《礼记》。

中华道统在肯定专制皇权的合理性的同时，也对专制帝王给予莫大期望，希望专制帝王能够按照儒家的理想由“内圣”而“外王”，“以器行道”。为此，非常注重用儒家思想培养、塑造君主，用儒家“圣学”去“仪范百王”，去“格君心之非”。这种努力最早可见于西周的师保官；汉代则有请儒臣为皇帝讲圣说史的制度；唐代正式设有侍读学士之官；宋代以后直至清，更形成一套严密正规的御前讲座制度——经筵侍讲制度，由特定的儒臣定期为皇帝讲课。通过这样一种程序化、制度化的讲座，担任讲官的大臣可以向皇帝灌输儒家思想，并借机讨论治国的道理，检讨当前政治得失，向皇帝提出讽劝和建议，还可以增强君臣之间思想感情方面的交流沟通与信任感。另外，在历代皇太子所居住的东宫，也都设立师、保一类的官职充当老师，出任者多为名臣硕儒，此即东宫皇储教育制度。

对臣的教育。源于汉，始于隋，确立于唐，完备于宋，兴盛于明、清，衰退于清末。科举制度是中国历史上独有的、具有开创性和平等性的官吏选拔制度（虽有其他为官渠道，但科举一直被视为正途）。据史书记载，从隋朝大业元年（605 年）的进士科算起到清朝光绪三十一年（1905 年）正式废除，我国科举制度前后延续了 1300 年，共产生 700 多名状元，11 万名进士，数百万名举人。作为一种“精英培养和再生产机制”的科举制度，通过不断地研习科举考试的内容（经史）而不断接受儒家“道统”的“濡化”“浸润”，其中卓异者则通过科举考试，进入官吏队伍或官吏储备队伍。这是一个“认同”和接受中华治理道统的过程，是一个生产和再生产的过程，也是一个特殊阶层的构建过程。这些人（通过考试的和没有通过考试的，为官的和尚未为官的，退休的和在野的，等等）之间形成一种共同语言和共同规范，所谓“士人集团”，而“士”的最高规范就是“士志于道”。对于恪守臣道的反面的教育也很发达，典型的例如朱元璋为警戒官员，将贪渎官员“剥皮实草悬于亭”的举动。

对民的教化。教化就是运用各种政治的、经济的、道德的、礼仪的、教育的、宗教的以及各种社会组织的手段，来影响人们的道德意识、思想行为的形成，从而建立起稳固的治理秩序。

由于它具有刑罚所不可替代的巨大功效，教化在中华治理体系中占据独特的地位，成为历代王朝稳固秩序的支柱。中国自古即重视“教化”，从虞、舜时代以“五教”“三礼”等为教育内容，以维系民心，调节民情，到周公“以德配天”“敬德保民”思想的提出，中国历代统治者都充分地认识到“教化”的道德影响和教育作用，视之为“大务”“先务”，尽力通过“广教化，美风俗”，以强化对广大民众的思想控制，建立稳固的统治秩序。以“三纲五常”为核心的“礼教”则是教化的主要内容，是一套做人的基本原则，是很现实的伦理道德体系。完颜绍元在《千秋教化》一书中详细介绍了教化的分类和仪式[204]。黄书光、张惠芬也在各自的著作中详细介绍了中华治理体系中“教化”的历史演变[205-206]。

中华治理体系的治理理想能否较好地实现，很大程度上取决于能否真正实现“以道驭势”，通过教育来真正引导官僚体系和普通民众。

6.2.2　中华治理的制度体系

中华治理的制度体系极其繁杂，一般的政治制度史按朝代、分类别详细阐述，这样虽然精细入微，但却不利于把握其整体精神。此处将其大致区分为相互联系的三大类，以皇帝、官僚、胥吏及其相互关系为主体的“政统”制度，以民间精英、普通民众及其相互关系为主体的“民统”制度，规范和调节政—民（或官—民）两类之间关系的制度。

以皇帝、官僚、胥吏及其相互关系为主体的“政统”制度。余英时认为，中国的政治传统至少有三个重要的组成部分，即“君统”“官统”“吏统”[207]。他很精到地指出了传统中国治理体系的三个最重要的主体。

三者之中，皇帝是专制治理体系的核心，集最高行政、军事、司法、立法、人事等大权于一身。皇帝的产生方式主要是继承、造反取而代之和篡逆，整体上看皇帝的产生方式不仅缺乏有效的制度规范，也缺乏必要的理性。皇帝与官僚之间基本是“依附”关系，但是皇帝不可能亲临诸事，信息的收集、决策的作出、政策的实施、监察和反馈都离不开官僚，因而具体办事的文武官僚就有形无形地取得了一定的影响力。余英时说过，对君权的三种限制（天理、教育、官僚制度）中，最有效的就是官僚制度[207]316-318。官员心怀不轨会有篡逆的危险；官员无能、失职或贪渎，会影响办事效能，危及统治有效性和合法性。因此，皇帝最大的精力用在设计一系列驾驭、操纵官僚的制度，并使其有效运作；“政统”制度的很大一部分是围绕这个目的而设计的，如官僚选拔制度、考评制度、监察制度、宦官制度等。从历史上看，一方面，君主驾驭官僚的制度体系随着历史的发展而发展，明清时期已经非常完善精细；另一方面，只要皇帝具备必要的才具，基本能够保证对官僚的驾驭（当然，相反的例子也比比皆是）。

官僚是中华专制治理体系得以正常运行的主体。与官僚有关的制度基本分为：保证其忠诚的制度；规范其办理事务的制度。基本上，前者属于君—臣关系范畴，控制得很死；后者属于官僚—民众关系范畴，以管理为主，放得很活，一个县令可以“掌一县之政令，平赋役，听治讼，兴教化，励风治，凡养老、祀神、贡士、读法，皆躬亲厥职而勤理之”①。墨吏可以为祸一方，循吏也可以利用手中极大的管理权限造福一方。例如，“以外宽内明得吏民心”，黄霸担任颍川太守时，不仅可以规定农民种植类别数量，还可以规定男女老少的走路姿势②。18世纪的著名官员陈宏谋（1696—1771年）更是详述了州县官们无所不包的职能，从中可见其权限之大，他写道：

“父母云者，生我养我者也。故……讼狱不平，我为平之；凶豪肆呈，良民含冤，我为除之；狡诈百端，愚朴受害，我为剪之；嫖风赌博，扛帮痴幼，我为刑之；寡妇孤儿，族属侮夺，我为镇之；盗贼劫窃，民生不安，我为弭之；老幼残疾，鳏寡孤独，我为收之；教化不行，风俗不美，我为正之；远里无师，贫儿失学，我为教之；仓廪不实，民命所关，我为积之；狱中囚犯，果否得所，我为恤之；斛斗秤尺，市镇为奸，我为一之；贫民交易，税课滥征，我为省之；衙门秋蠹，狼虎舞民，我为

① 《大清通典》卷三十四。

② 《汉书·卷八十九·循吏传第五十九》

逐之；吏书需索，刁勒吾民，我为禁之；征收无法，起解困民，我为处之；游手闲民，荡产废业，我为惩之；异端邪教，乱俗惑民，我为驱之；捏空造虚，起祸诬人，我为杜之；聚众党恶，主谋唆讼，我为殄之；火甲负累，乡夫骚扰，我为安之；某事久废当举，我为举之；某事及时当修，我为修之。民情所好，如已之仇，我为支之；使四境之内无一事不得其宜，无一民不得其所，深山穷谷之中无隐弗违，妇人孺子之情无微不照，是谓知此州，是谓知此县。”

胥吏[①] 是专制治理体系中数量最为庞大的一个群体，大多数处于最基层、最直接面对民众。胥吏无官无品，社会身份低微，但是办理文书、刑狱、钱谷等具体事务，谙熟衙门潜规则及本地本部各种人情掌故，对于一直习诵四书五经、体认伦理大义，而又人生地不熟的科举官员而言，不能不以之为依靠，官僚面对皇帝的优势转移到了胥吏身上，以至于“及临人决事，取办胥吏之口而已”[②]，乃至“唐宋以来，……吏胥日横”[③]。胥吏待遇微薄[④]，地位低下，但趋之若鹜者仍然源源不断，后备力量充足，因为他们可以在办理具体事务中利用各种手段营私舞弊，敲诈勒索，贪赃枉法，聚敛钱财，培植人脉。对于官僚而言，胥吏不得不用，但是必须严厉防范，这一点早在刘基那里就说得很清楚。他在《官箴》中就儆戒官员说：“人有恒言，遇吏如奴。坚防固堤，犹恐或窬 。”清朝官员田文镜在流传甚广的官箴书《州县事宜》中说得更明白：“官有胥吏，原以供书写而备差遣。其中虽不乏勤慎之人，然衙门习气，营私舞弊者居多。苟本官严于稽查，善于驾驭，则奸猾者亦皆畏法而敛迹。否则纵恣无忌，虽勤慎亦相率而效尤。此胥吏之不可不防也。”在其他官箴书中，更是可以经常看到详细论述如何防止下属弄权擅专的章节文字。但是，结果却往往有些无可奈何，那些在衙门

---

① 本书中的胥吏以书吏、衙役为主，但也部分包含幕僚和长随，虽然其中有很大区别。

② 《通典》卷十七《选举五》。

③ 《清经世文编》卷二四《说吏胥》。

④ 田文镜曾云：“司道府衙书吏本无额设工食”，瞿同祖亦在其著述中提过胥吏“只有服务而没有薪酬”。

久操其事且老于世故的胥吏，常常将官僚玩弄于股掌之间，因此清代官场上流传“清官难逃猾吏手”的说法。对于普通老百姓而言，胥吏是其与政府、官僚各种关联的直接中介，也是胥吏敲诈勒索、徇私舞弊、贪赃枉法的直接对象，因此胥吏不仅直接为祸百姓，而且降低了专制治理体系的有效性和合法性[208,204]。

皇权官僚系统与民间系统之间的制度。第一，政教合一，以权力推行有利于皇权官僚系统的教化。虽然在理论上，周公之后，“道统”的承担者是士人和师儒，“政统”的代表是皇帝官僚胥吏，道统高于政统，但是秦汉之后，“道统”就开始依附于“政统”，成为权力的左膀右臂：秦始皇“焚书坑儒”不过是缺乏包装的暴力扼杀；“独尊儒术”在“尊儒”的同时也开始把“道统”纳入政治系统的支配和控制之下，更像是柔性的“诱杀”；而叔孙通制订朝廷礼仪则是“曲道侍君”的政治投机了。朱元璋是最热心推行教化的，但他同时把孟子从庙里赶了出去，就典型地体现了政教合一的权力本质。

第二，“编户齐民”，加强对民众的控制，强化“大共同体本位”。历史学家秦晖通过对汉代里—社—单基层体制的考察，产生如下观点。

首先，它是政教合一（里社、单社合一）、政社合一（里单合一）的一元化体系，并具有行政主导的特点。正如出土的《侍廷里单约束石券》所示：当时立单的主持人是里官（里治中），可见在里—社—单体制中，里是主干，而社和单都是附着在里上的。里的本质不是别的，正是法家运动为之奠定基础的专制国家对编户齐民的直接（即不经村社、宗族等中介）管制，即所谓“闾里什伍”之制。

其次，它的合法性是自上而下的：所谓“给事县”，所谓“里正比庶人之在官”。而“庶人之在官”即为“吏”，《汉书·尹赏传》所谓“乡里少吏”；“乡吏、亭长、里正、父老、伍人”皆属之。它的择人标准，据史载有“强谨”“訾次”“德望”“年长”等项。所谓强谨，即能办事（强）、承上意（谨）即可为吏，而不必求民间的道德形象，像刘邦这样乡里视为“无赖”的人决谈不上德高望重，却可以当亭长，就是典型之例。“訾次”就是论财力，以便能应付职役。显然，这两项标准都是从国家而不是从社区考虑的。至于“德望”与“年长”，的确有些“伦理自治”的味道，但其权威也必须由上面来确认。

再次，它在形式上也模仿官场，里印、社印、单印都按当时所谓“方寸官印之制”刻成，而“祭酒”“三老”“尉”“治中”“长史”“卿”等称谓也是在上级官场有相应设置的。这样的组织显然不是“民间结社”，而是“基层政权”。

最后，它是一整套非宗族的政治设置。与秦汉（主要指西汉）时实行的强制分异、“不许族居”、“父子兄弟同室共息者为禁”的气氛相应，里—社—单组织都没有什么族缘色彩。迄今所知的里、社、单名多是“吉语”（如宜世、奉礼、常乐等）或方位（如亭南、中治等），从无后世之“李家庄张家寨”之类族姓称谓。汉以后出现的“村”初亦如此。正如宫崎市定所言，“村”即“邨”，起源于屯田，它也是按国家安排设置的。而存世《侍廷里单石券》题名共 25 个“父老”，这是该里（单）的“领导班子”，25 人中至少有 6 个姓氏，显然并无宗族背景。

因此，秦晖认为：“秦汉时代我国传统帝国的农村基层控制已相当发达和严密。汉以后除东汉后期到北魏的宗主督护制时期帝国根基不稳外，也一直维持着专制国家对‘编户齐民’的控驭。”[128]

第三，民间精英的政治吸纳。在隋唐以前，通过“举孝廉”的方式吸纳民间精英；隋唐以后，科举制度化，科举成为中国社会精英生产与再生产的中枢机制，遂使民间精英研习四书五经，通过科举考试，以此追求升官发财、光宗耀祖成为正途，从而不仅起到了转移士人注意力、塑造其伦理价值观念稳定社会的作用，也达到了“天下英雄尽入吾彀中”的政治吸纳效果，从而强化了专制治理体系的统治能力。同时，对于主导乡里民间的缙绅士大夫享受官府免除丁徭杂役等特权。此种复合措施，在大多数时候能够有效地吸纳民间社会精英，使之为维护专制治理体系的运转而服务。

民间治理系统的制度。乡里保甲是皇权—官僚体系在社会基层的权力延伸。以乡里保甲为主导，皇权—官僚体系对广大普通民众的统治基本采取如下制度方式：与宗法制结合，“族长、门长常常兼宗法地主和乡里头目于一身”[209]；行政支配与土著自治相结合；什伍连坐等超经济强制的广泛运用；以礼俗乡规教化民众[209]115-221。而缙绅士大夫、宗族头领等有头有脸的民间精英则在大多数时候是皇权—官僚体系对广大普通民众的统治的社会依赖。在这种严密的制度体系控制下，如果说缙绅士大夫、宗族头领等民间精英还有一些与官僚体系讨价还价、争取自身利益最大化的机会和空间，那么大多数普通老百姓则只有忍耐、麻木，或争取让自己成为精英，即享有“做奴隶的平等”和“争当奴隶主的自由”。

6.2.3 中华治理的行为模式

价值是对行为的引导，制度也是对行为的引导。一种治理模式中的行为逻辑不仅取决于其价值引导，更取决于制度引导，以及价值与制度之间的关系。

君主的行为逻辑。对君主的价值期望是内圣外王，对其教育也是按照这个标准进行的；但是相应的制度规范却使皇权成为几乎没有制约的“绝对权力”，君主滥用权力的事例在历史上也就比比皆是了，朱元璋不过是一个极端而已。退而就其次，较为现实的治理理想是“以道驭势”，但是道统是没有组织支持的[210]，更多依赖士人自我的道德支持，相对应的“政统”却组织严密、实力强大，因而在制度上更多的不是用“道统”来教化、引导和批判“政统”，而是“道统”依附于“政统”，沦为“政统”的工具，代为操刀，帮忙帮闲。这种教化对君主几乎没有意义，但是君主却借助于这种教化来愚弄官僚百姓；同时，君主并不完全相信这种教化所起的作用，在驾驭庞大的官僚体系推动其有效运转时更多借助于法家的“法”“术”“势”，因而秦晖将其总结为“阳儒阴法”[128]。

官僚的行为逻辑。首先是行为准则的转化。推行科举及儒家教化，本意在推动“官僚”价值和行为的儒家化，实际正如有的学者一再分析的，一旦进入官场之后，不是这些士人改造和同化官场，而是被官场同化（秦晖“儒的吏化”）；与此紧密相应，儒法合流，而导致官僚普遍的法家化。换言之，成为官僚之前所接受的价值教化都是儒家的，而成为官僚之后实际的行为准则都是法家的、官场的。其次是制度支持的欠缺，缺乏“从道不从君”的制度支持致使在等级制度中从道难，从君易。再次，如余英时指出的，“道”缺乏有形的约束力，更多依赖于个人自觉[210]167，以个人自觉对抗内在强大的利益冲动和外在强大的社会场效应，大多数官员最终背离价值原则，败下阵来，也就不难理解了。最后，因为“编户齐民”式的官府控制，使权力成为中国社会地位、财富、荣誉、力量的源泉和象征，因而在社会中形成、强化并固化了权力崇拜，形成“官本位”的支配性价值理念，并反过来强有力的侵蚀和瓦解了儒家“道统”。

胥吏虽然也是统治体系中非常重要的一环，但在这里并非分析的重点，因为在待遇微薄、地位低贱、缺乏系统教育、前途渺茫的几个前提下，仍然踊跃进入这个行业，最大的诱惑就是经济以及人脉，所以寻找一切机会徇私舞弊、贪赃枉法、敲诈勒索也就不难理解了。这一环节难以典型地反映价值与制度的背离。

整体地看，对皇帝、官僚的价值期待虽然是“君明臣贤”，但是由于缺乏足够的制度支持，皇帝、官僚、胥吏都在运作中趋向现实的自我利益最大化；这本身并不是问题所在，同样因为缺乏足够的制度引导和整合，皇帝、官僚、胥吏自我利益最大化行为不是导向治理体系的稳固和有效的自我调整，而是治理体系的周期性衰败和崩溃。

民间精英的行为逻辑。首先，对于以乡间缙绅、宗族头人、有经济优势的地主和商户这些民间精英而言，最优先的选择是与官府形成良好的私人关系（但不是制度化关系）以趋利避害（不能一概说“勾结”，因为很多只是想避害，不想以此非法“牟利”），而不是对抗。其次，因为他们大多已经在民间社会治理中占据比较优势，处于乡村“差序格局”秩序的上端，因而他们更多的兴趣在于巩固和扩大自己的优势上，为此经常借助官府的力量。上述两个选择常常是以牺牲普通民众利益为代价的，或者与官府合作征粮征税，或者与官府勾结巧取豪夺，或者按照“乡规民约”对付自己的对手或挑战者。再次，既然中国的治理体系是一个较强的纵向流动性的体系，通过各种方式，科举或者捐官等，实现自己的向上流动，是其自身或家族的利益所在，因而更多的资源和精力将会投放到纵向流动上，而不是寻求对抗上。最后，当不能与官府建立良好的私人关系，而且官府所为已经危及他们的现实利益时，他们往往成为民间请愿或叛乱的实际组织者和背后支持者。

在整个治理体系最低端的、人数最多的、处境最为悲惨的就是广大普通民众。有能力的，寻求通过钻营等方式纵向流动改变自身处境，或者在动荡时期参加叛乱，直至造反成功建立新的王朝（几千年沉淀的历史和演义小说在两方面都提供了丰富的模范）；没有能力的，只能依靠勤劳和节俭去弥补各种各样的盘剥，依靠忍耐和麻木对冲官僚、胥吏、劣绅的蹂躏，一旦局势有变，星火燎原，在首先起事的民间精英和流民之后，他们往往是最肥沃的动员土壤。

6.2.4 中华治理的救济机制

从封建皇权—官僚体系的角度出发。体制性的救济机制是监察和弹劾，但是，居于官僚体系核心的皇帝是超脱于监察和弹劾的；制度性的缺陷所造成的普遍贪渎使监察和弹劾只能是杯水车薪，示范意义大于实质意义；监察和弹劾体系也难“出淤泥而不染”，逃脱侵蚀性的官场规则，因而很多时候，监察和弹劾演变成为权力斗争的手段。超出常规的、非体制性的救济机制是改革。中华治理体系下的改革很多，但大多数以失败告终[211]。原因有以下几个：这种治理体系是权力主导的体系，改革的倡议和动力也来自于皇权—官僚阶层，民众不会成为改革的发起者和推动者；改革最大的障碍也是皇权—官僚—胥吏阶层，在庞大的既得利益面前，少数富有远见的改革者往往难以有效贯彻改革主张，终至虎头蛇尾；除早期比较有创造性的改革（如商鞅改革）以外，越到中晚期，改革者越难以摆脱传统思维的束缚，改革建议本身不过是在旧的体系内转圈，如李鸿章所自嘲的，不过一个“破屋”的“裱糊匠”而已；治理体系的社会基础尚未有突破性变革，也不能如现在一样，博览鉴戒中外各种模式的优劣。

从民间出发的自我救济。不平则鸣，民众的怨声大体有两种表达渠道：一种是常规的——告状，其最高级别是“告御状”，此路艰难崎岖，成功的很少，一如现在的信访；另一种是非常规的——暴力救济，自己用暴力解决问题，或寻私仇，或者活不下去了当土匪，或者叛乱，其最高级别是成规模的造反。例如，Elizabeth J. Perry 通过对淮北地区农民叛乱的研究提出，这些地方性的农民起义可以解释为在特定的自然环境下，农民为了生活和生存而开展竞争活动。作者把这个地区的农民反抗归纳为两种生存策略的体现，其一可以称为“掠夺性策略”，就是以本地区其他人为代价、非法攫取资源，从偷窃、走私、绑架到有组织的仇杀；其二就是“防御性策略”，也就是面对强盗式抢劫而采取保护个人财产的行为。在这些生存策略基础上形成的农民起义，虽然也会发展出政治性的诉求，但他们的目的主要是为了生存[212]。

中华治理体系内的王朝更替。既然无论从官府出发的改革，还是民众的自救，都难以阻止皇权—官僚—胥吏体系的衰败，待其衰败达到一定临界点的时候，叛乱的力量就超过了维护的力量，旧的皇权—官僚—胥吏体系崩溃，胜利者建立新的皇权—官僚—胥吏体系，在初期励精图治，但一到中晚期就开始暮气上升，开始衰败，最终被下一个挑战者取代。传统中国在这样的治理体系内循环了 2000 多年。

6.2.5　中华治理传统的内在缺陷

以今天的眼光看，中华治理传统有如下自身难以调和的内在缺陷。

思想价值体系本身的矛盾。首先，内圣外王的单位是个体，特别是处于皇权—官僚体系核心的皇帝，大多数个体往往很难通过自觉的“修身养性”达到较高境界，处于权力腐蚀核心的皇帝似乎更难。换言之，“内圣外王”是一个难以普遍化的理想。其次，没有区分超越性道统和世俗的社会调节性的道统。前者是个体自愿的，属于“意图伦理”；后者是维系一个社会正常运转必须的，属于“责任伦理”。不加区分地把两者混为一谈，实质上影响了后者的有效普及。最后，传统治理哲学是一个基于道德和教育期望的“顺推”的治理体系，即治理的有效性建立在“君明臣贤民顺”角色合格且协调的基础上，如果“逆推”，角色不合格，相互不协调，如何应对，在其思想价值体系中即缺乏明确的回答。

制度体系和价值体系的背离。价值体系的最高理想是“内圣外王”，退而求其次的现实政治理想是“以道驭势”。但是，“道统”缺乏组织化的架构和独立性，无论在制度上还是实际运作上，“道统”是依附于“政统”的，是“政统”主导的“政教合一”，“道统”沦为工具和修饰；制度上把皇帝置于皇权—官僚体系的核心，但是相应的制约却几乎没有，假如皇帝不是一个合格的皇帝，或根本不想当一个合格的皇帝，则只能听天由命；制度上赋予官僚极大的管理权限，却无法有效防止其权力的滥用，对于胥吏阶层更是无可奈何；寄希望于“人治”和“治人”，制度的有效运行更多地依托于“德才兼备”“内圣外王”的人力资源，而这是一种注定高度稀缺的资源，除非其能够成批次、大规模地生产，否则即使个别有幸逃脱“逆向淘汰”的层层链条，面对劣币市场也只能徒唤奈何；“编户齐民”的制度控制虽然有利于稳定，但是却无法防止矛盾的积累和治理体系的衰败，等到积累和衰败达到一定程度，质变也就开始了。

价值体系和制度体系的背离，决定了相应的行为模式，也决定了救济机制的低效。

当然，以今天的眼光看只是为今天的改革提供借鉴，而不是苛求古人，古人自有其难以超越的客观障碍。前已述及，一是治理体系的社会基础尚未有突破性变革，例如，经济基础仍然是小农经济，社会结构依然是地主—农民的社会结构等，这种社会基础难以孕育和支持治理体系的结构性变革；二是，也不能如现在一样，博览鉴戒中外各种模式的优劣，特别是西方文明所蕴含的治理传统，因而无论改革者还是新王朝的建立者，只能在旧的知识和思维圈子里转悠。今天，两者都已发生根本性变化，但几千年历史固化的“文化—心理结构”又成为一个不得不面对和考虑的问题①。

---

① 对此，不少学者已有卓越的解读，例如：任不寐的《灾变论》，吴思先生的“潜规则”，王学泰的“游民传统”，完颜绍元所描述的“官衙文化”，等等。

6.3　西方宪政治理模式

从现实看，宪政治理模式在西方发达国家的实践是成功的，因为适合他们的国情。换言之，至少他们已经找到最适合他们域情的治理模式并将其成功转化为治理实践，较好地解决了权力监督、权力—权利互动等问题。那么，西方宪政治理成功的根源是什么？

6.3.1　西方宪政治理的价值体系

现代西方宪政治理的主要价值基础是自由主义。“整个西方政治思想史就是‘自由主义’滥觞、孕育、形成和发展的过程”，“直到近代，自由主义思想在其形成和发展过程中，占据了西方政治思想史中的主导地位，成为政治思想中的主流”[216]。

治理的合法性基础。自由主义认为，每个人生来就有自由、平等、安全、财产和追求幸福等各项权利。其中财产权和自由权最被强调：“财产是神圣不可侵犯的权利，除非当合法认定的公共需要所显然必需时，且在公平而预先赔偿的条件下，任何人的财产不得受到剥夺。”“自由就是指有权从事一切无害于他人的行为。”“自由传达思想和意见是人类最宝贵的权利之一；因此，各个公民都有言论、著述和出版的自由，但在法律所规定的情况下，应对滥用此项自由负担责任。”[217]政府的合法性来源于民众的同意和按照一定程序的授权，亦即权力的合法性源于权利的认可和为权利服务，即“民有、民治、民享”。

宪政治理的理想和道德期待。麦迪逊的经典话语阐述了西方宪政治理的理想：“如果人人都是天使，就不需要任何政府了。如果是天使统治人，就不需要对政府有任何外来的或内在的控制了。在组织一个人统治人的政府时，最大的困难在于必须首先使政府能够控制被统治者，然后再使政府控制自己。”[218]因此，建立一个既能够控制被统治者，又能够自我控制的政府，实现自由和秩序的平衡，就是西方宪政治理的理想。以美国为例，1787年《美国宪法》与1789年的《权利法案》最基本的思想就是在自由与秩序之间保持平衡。

宪政治理的道德期待。宪政治理是立基于“人性恶”，防范人性在权力腐蚀面前蜕化堕落的，孟德斯鸠的话是其信条：“一切有权力的人们都容易滥用权力，这是万古不易的一条经验。”[219]因此，宪政治理模式在道德方面：第一，体系的健康运行不依赖个人高尚的道德情操，更不寄希望于“清官”或“圣人”的出现；第二，严格划分“公域”与“私域”、“意图伦理”和“责任伦理”，公共领域强调最基本的职业道德和社会公德，“私域”则强调个人自由；第三，宪政治理对民众的期待是能够运用正当程序参与政治、维护自身权利，是对合格公民的期待，而不是塑造具有高尚道德情操和献身精神的“新人”。

为达到宪政治理所进行的公民教育。宪政治理的运行虽不依赖高尚的道德，却依赖于合格的公民。因此，西方国家均非常重视公民教育[220]。以美国为例，美国人主张“公民教育，是或应该是一件基本的事务。没有什么比培养一个有知识的、有能力的、负责任的公民更重要。美国人应该认识到公民教育是支撑民主政治的根本。思维习惯、坚持民主的倾向不是与生俱来的。民主政治不是靠自身来运转的机器，它需要一代接一代的人们用意识来维护和完善它”[221]。因此，美国的公民教育深深扎根于美国的宪政思想，为“宪政式民主国家培养有能力并负责任的社会、政治参与者”始终是其坚持的目标。为了实现这一目标，美国的公民教育把对宪政治理制度的研习作为基本且最为重要的内容。早在18世纪末美利坚合众国成立之初，其教育就被赋予了培育公民的使命。1790年，美国出版了最早的关于美国历史、政府和公民教育的教科书，并在中小学开设了“公民科”，从此公民教育在美国正式诞生。进入20世纪，美国的公民教育发生了重大转折：1916年，全美教育协会（NEA）就公民教育的内容、方式和课程设置等向全国学校提出了建立“社会科”的建议报告，标志着美国现代公民教育的开始，从此，美国的公民教育即由注重政治教育转变为注重公民能力的培养和公民整体素质的提升；1951年，美国社会科审议会在《第二十二册年刊》中列举的好公民的特征是：重视平等、自由、基本权利、法律和其他政治价值。200多年来，美国的公民教育虽然历经多次变革，但始终不改其自由、民主与责任的本色，并在一次次公民教育改革中不断得到增强。可见，美国公民教育的根本任务就是为了培育美国宪政治理制度下的合格公民，为宪政治理体系的健康运行奠定基础。

6.3.2　西方宪政治理的制度体系和行为模式

治理的理想是廉价的，除非能够将其具体化为有生命力的制度体系；西方宪政治理的成功不仅在于其价值体系，更在于其从其治理价值出发发展出一套有效的制度体系。

西方宪政治理带有共性的基本制度主要包括：选举制度、代议制度、政党制度、分权制度与司法独立、军队制度。主要的运行机制包括：参与机制、竞争机制、制衡机制、纠错机制和法律机制[222]。

相比中华治理传统，西方宪政治理制度体系有如下几个特征：①制度体系是基本价值体系的具体化，而不是对基本价值体系的背离。②比较好的实现了自由与秩序平衡的治理理想：对权力监督和制约的制度比较有效，规范和保护权利的制度比较有效，规范权力—权力、权力—权利、权利—权利博弈的制度比较有效。③虽然在很长时段内，价值体系承诺的自由、平等并没有完全兑现，但由于基本政治制度安排上为争取权利的斗争留有相当的空间和渠道，因此，实质性的社会不平等并未累积形成颠覆性力量，而是充分利用现有政治空间和渠道推动政治发展，美国黑人争取权利的斗争即是显例。

西方宪政治理的行为模式。对其价值体系的信奉，制度体系对价值体系的有效落实，两者决定了相应的行为模式。西方宪政治理模式下，无论是官员还是民众的行为基本体现了真实的价值范化和制度约束，没有普遍性的“剧场性行为”，更加真实，更加简单，更加明确，可预期性更强。当然，违背价值范化和制度约束的行为在任何治理模式下都是有的。

6.3.3　西方宪政治理的救济机制

虽然西方宪政治理模式的价值体系、制度体系、行为模式相对比较一致，但是在具体运行过程中却总是伴随着不断的矛盾和问题。如何有效解决和转化这些问题，内在于西方宪政治理基本制度体系的救济机制包含如下几个方面。

首先，政治问题司法化。宪政治理就是宪法和法律的统治，宪法和法律不仅明确规定了权力和权利的界限，而且明确规定了权力—权力、权力—权利、权利—权利博弈的规则和救济程序。从而保证了不同政党之间的竞争、民众的政治参与、权力的交接和转换、不同权力机构之间的协调不是你死我活、刀光剑影的，也不是在黑匣子中私下秘密交易的，而是有序的、明确的。任何政治冲突最终都会转化为宪法和法律问题，由相应司法机构裁决。例如，1972 年尼克松的辞职，1998 年克林顿被弹劾案，2000 年小布什和戈尔的选举纠纷，都是最终的司法裁决一锤定音。

其次，社会运动体制化。在相当长的时期内，西方宪政治理国家的制度体系也是不完善的，并没有充分地实现其价值体系所许诺的自由、平等等理念，如各国在早期对选举权财产、性别、种族的限制是非常普遍的。但是宪政治理体系赋予了民众表达其意愿，以及与其他利益集团和权力集团博弈的权利、制度平台和政治空间。体制化的社会运动使政治社会矛盾的解决可以较为规范有序的进行，而不必恶性积累最后转化为暴力和革命。英国的宪章运动、美国的民权运动是社会运动体制化的典范。社会运动体制化使普通民众成为改革和发展的动力，而不再依赖于官僚机构的恩赐。

最后，发达的自我协调和平衡机制。宪政治理的救济机制不仅包含“公力救济”，也包含和鼓励民众之间、不同利益集团之间进行自我协调和平衡的“私力救济”，宪法和法律只是提供规则和平台。这种发达的自我协调和平衡机制不仅有利于平衡利益、化解矛盾，有利于交换看法、形成共识、促进社会整合，有利于节省公共资源，也有利于促进社会自治、保持公民社会的有序和活力。

西方宪政治理的救济机制有效地化解了西方宪政国家曾经面临的严峻考验，并使其迄今保持了自由和秩序的高层次平衡。

6.3.4 西方宪政治理的成功原因

第一，扎根民众信仰的有效的价值体系。西方宪政治理的价值体系是从普通民众如何运用天赋的权利来保护和促进自己的利益出发的，符合普遍的人性需要，不仅容易被民众接受，而且简单易行，所以很容易成为民众真正的信仰。所以虽然现代社会不能摆脱少数人统治多数人的严酷现实，但是面对现实，自由主义仍然是绝大多数西方民众发自内心的价值信仰并为之自豪。价值体系的成功为西方宪政治理的成功奠定了坚实的文化—心理基础。

第二，有效的制度体系。西方宪政治理的价值体系并没有停留在廉价的价值吁求层次，而是结合各国的实际形成了符合各国实情、各具特色的不同制度体系。形式不同的制度体系不仅较为有效地保护了权利，有效的制约和监督了权力，也有效的规范权力—权力、权力—权利、权利—权利之间形形色色的博弈，基本实现了自由和秩序平衡的治理理想。这是西方宪政治理成功的关键。

第三，有效的救济机制。发达而完善的自我平衡和协调机制、政治问题的司法化解决、社会运动的体制化，这些救济机制有效地化解和转化了西方社会面临的政治、社会矛盾，使之成为西方社会改革、发展和完善的动力，并在此过程中保持了自由和秩序的平衡。有效的救济机制是西方宪政治理成功安全阀。

纵观西方宪政治理可以发现，价值体系、制度体系、行为模式、救济机制四个环节是有机整合的，价值体系和制度体系之间、制度体系和行为模式之间、价值—制度体系和救济机制之间没有深刻的内在冲突和分离，而是相互支持、相互强化的。对具体公共政策、执政者的不满可能导致政府的更换，却不能危及宪政治理本身；相反，正是宪政治理本身使这种可能得以和平实现。这或许是其成功的最终原因。

6.4　中国宪政尝试的失败及其原因

20 世纪初期，中国曾经经历过一段短暂的宪政治理实践，但以失败告终。本节从价值、制度、行为模式、救济机制四个方面分析其失败的原因。

6.4.1 中国宪政尝试的价值体系

在英国那样的先发宪政国家，宪政价值体系是经历过几百年的演化内生形成的，因此，宪政价值体系已经扎根民情，成为社会的信仰，是社会力量整合的价值纽带。但是，1912 年开始的中华民国宪政是由于革命而骤然开始的，是基于“宪政”富国强兵的功效而人为“移植”的，而社会内在价值的演化是一个较长期的过程，远远没有达到支持这种骤然的“制度移植”的程度。可以说，在 20 世纪初期，人们的价值理念和政治习惯，更多受中华治理传统价值体系的影响，更多转型期的混乱和自相矛盾，宪政的运行缺乏坚实的社会性价值根基。

6.4.2 中国宪政尝试的制度体系

借鉴并模仿西方发达国家的宪政制度体系，20 世纪初中国的宪政实践也形成了自己的一套制度体系。1912 年公布的《中华民国临时约法》明定“中华民国之主权属于国民全体”，并明确规定了人们的各种权利，以及政府的组成。

仅就宪政文本而言，选举制度、代议制度、政党制度、分权制度与司法独立、军队制度等西方宪政治理带有共性的基本制度都在临时约法中得以具体体现，并不逊于某些内生宪政国家的制度文本。

6.4.3 中国宪政尝试的行为模式

在中国宪政实践时期，较为完善的宪政制度体系并没有催生新的宪政行为模式，政治舞台上各种政治角色的行为仍然是中国传统政治思维行为模式的延伸，“宪政”沦为修饰和装潢。

权力的运行和博弈依然是由暴力和权术主宰。从袁世凯到蒋介石，都依靠暴力和权术登台，也依靠暴力和权术治国。北洋军阀时期一幕幕选举闹剧和一次次权力更替，更是说明了权力的运行和博弈的真正规则是什么。

权利的维护，权利与权力的对抗依靠暴力，而不是程序。在暴力和权术主宰的强权之下，权利的维护、权利与权力的对抗没法期望按照成熟宪政治理国家的稳定程序进行，实现“政治问题司法化”“社会运动体制化”，只能依靠非常规的手段来解决，也就是中华治理传统中的暴力救济。

当一种制度架构没有相应的行为模式匹配的时候，可以说，这种制度基本是失败的。

6.4.4　中国宪政尝试的救济机制

民国初期的宪政制度设计中包含着截然不同于传统中国治理的救济机制（如选举、弹劾等），但是并未形成实践，政治实践的发展仍然是暴力决定的“成王败寇”、政权更迭。

以 1946 年的政治协商会议为例，国共两党虽然正式签下了协议，但最终的决定因素仍然是“枪杆子”。

6.4.5　中国宪政尝试失败的原因

与西方宪政治理比较，可以发现，中国的宪政治理尝试除了制度体系是移植而来，可以在文本上速成以外，其他三个宪政治理的重要因素——价值体系、行为模式、救济机制——都不能匹配和支撑宪政文本制度的要求，而这三者才是宪政治理成功与否的关键所在。究其原因大致有三个。

首先，宪政制度缺乏社会性文化—心理根基。在先发宪政国家，“宪政”扎根于民众的信仰，是民众解决问题的一种习惯和规则，这种情况在英伦尤其典型。英伦的宪章源于古老的习俗，千百年来，盎格鲁撒克逊民族正是依靠这种习俗休养生息。所以，在那里，“宪政制度”不过是对其内在治理传统的一种概括和提炼，而不仅仅是外在于其社会传统和生活习惯的“文字”。“宪政制度文本”可以一夜速成，但这种内生的信仰和习俗却只能经由缓慢的演化而成。

相反，中国的宪政尝试具有明显的功利色彩。对真诚推行宪政的人而言，只是宪政有利于富国强兵、挽救时局。如 1898 年的百日维新，清末激进的立宪派三次速开国会请愿运动，均是这种立宪决定论的具体体现[223]。显然，这种思想陷入了“制度决定论”，而忽略了制度运行所依赖的根基。对于不相信宪政的人而言，宪政只是一种斗争策略，如毛泽东曾经在内部通讯中说过：谈民主是为着抗日，而不是为着反封建；言论出版自由是为着发动人民，而不是依据思想自由的原则；对汉奸与破坏抗日团结分子应剥夺任何政治自由，而不能笼统说人民自由不应受干涉；要将革命与反革命加以区别，而不应说法律上一律平等[224]。

因此，自由、权利、民主、法治等基本宪政价值并非当时社会力量的价值纽带，也难以成为以此为价值核心来整合社会力量支持宪政制度。

其次，宪政制度缺乏政治支持。第一，真正支持宪政的力量并没有严密有力的政治组织，不能将对宪政的支持有效地转化为政治支持。以孙中山领导下的同盟会以及 20 世纪 40 年代中期的“中间势力”为例，两者在当时皆有比较大的声势，但是同盟会内部鱼龙混杂难以形成一个真正效忠于临时约法的有力的政治组织；20 世纪 40 年代中期，主张宪政与和平的“中间势力”虽然有共同的政治目标，但党派纷呈难以整合成为一有力的政治联盟，影响实际政治发展进程，徒具声势而已。第二，掌握实际政治、军事、财政资源的组织或领导人几乎没有真正支持宪政的，从袁世凯到北洋军阀再到蒋介石，皆以暴力和权术在政治舞台上纵横捭阖，“宪政”不过是其工具和装饰。缺乏政治支持的“宪法”或者是一纸空文，或者沦为表达统治者意志的副本。

最后，不利的发育环境。中国宪政尝试先天不足，缺乏内生的价值和政治支持，后天也连遭厄运。先天不足的宪政模式需要一个较长期的相对稳定和平的环境才能够得到比较好的发育，但是在当时的中国面临深刻的政治社会危机，内战频繁，日本的侵略步步紧逼，民族处于分裂和灭亡的边缘，宪政所需社会基础的发育既没有时间也没有空间。

中国宪政尝试的失败虽然有一定的必然性，却不能归之于“宪政”本身的失败，因为它在很大程度上没有展开自己，没有真正开始过。

6.5 中华治理传统的现代价值

如何走出面临的政治文化危机，重建民族性政治文化认同？

中华治理传统中“道统合法性”和“民意合法性”并重的观念，追求“以道驭势”的政治理想，都具有较强的现代意义。

6.5.1　“道统合法性”和“民意合法性”的互补

前已述及，在中华治理传统中，统治者实际上受到三种合法性来源的评判和制约：第一种是与“授命于天”对应的“天道”合法性的评判和制约，在现代社会已经失去意义；第二种是来自于“道统”合法性的评判和制约，因为“道尊于势”，而且理论上要“以道驭势”，然而在传统专制体系下，“道统”因缺乏独立性而实际演变为“以势驭道”；第三种是来自“民意”合法性的制约和评判，“民为贵，君为轻”，但是在传统专制政治体制下，“民意”的合法性止步于价值的吁求，而未进一步发展到制度保障层次。

中华治理传统内蕴的“道统合法性”和“民意合法性”均有其现代意义。虽然在传统中国的实际政治运作中，因为缺乏制度的支撑，两者都沦为统治者的装潢，而不具有实质性意义；但是这更多是由于传统社会的制约，“道统合法性”和“民意合法性”仅仅停留在价值层次，而未在制度层次充分展开，价值缺乏适当的形式支撑，而不是“道统合法性”和“民意合法性”价值本身的缺陷。借鉴西方宪政民主治理的经验，将“道统合法性”和“民意合法性”从价值层次充分发展和贯彻到制度层次、行为模式层次以及相应的救济机制层次，是完全可能的。

传统的“民意合法性”理论是“主权在君”前提下的君主对民负责，以民为本，施行仁政；现代西方政治哲学中的“民意合法性”是主权在民前提下的统治者对民负责，实行民主。显然，要充分发掘传统的“民意合法性”的现代价值，必须实现其理论前提的根本性转换，方能为政治实践中的选举程序、监督程序等制度开辟道路。

“民意合法性”虽然是现代政府的合法性基础，但它有难以弥补的内在缺陷。第一，民意本身的缺陷：民意通过程序可以产生合法性，但民意本身未必具有合理性；民意是比较容易受局势影响而波动的，民意作为意见组合可能是包含根本的内在冲突或四分五裂的，民意虽然能够反映社会历史发展的潮流但民意往往不能对社会历史的发展作深思熟虑的筹划和应对。第二，民意表达机制和民意表达过程不是完美无缺的。像市场失灵和投票悖论等，都是指民意表达机制的某些缺陷。民意表达过程容易被局势左右，也容易被政客操纵，例如20世纪30年代德国的局势导致了希特勒那样的独裁者通过选举上台，就是典型事例。第三，特别是对一个政治上尚不成熟的民族而言，对一个尚处于政治转型过程中，旧秩序开始失范、新秩序尚未到位的社会而言，对一个存在若干历史和现实的爆炸性矛盾的国家而言，民意和民意表达机制存在比成熟宪政民主国家更多的缺陷，也更需要建设性的补充和制衡。

什么是"道统合法性"？简单地说，"道统合法性"是指基于社会基本原则的合法性。任何社会的健康运行都内在地需要一些基本的原则，在文化价值领域，它体现为一组价值理念；在政治领域，它形式化为具体的制度设计和组织安排；在操作层次，它体现为对基本原则的坚持和维护。

"道统合法性"是基于民意又超越民意的。首先，"道统合法性"承认迄今为止的政治都是"精英统治"的政治，"全民公决"以及"普选权"有其必不可少的积极作用，但是难以根本改变"少数人统治"的事实，这是政治的本质决定的，与"姓资姓社"无关。在此前提下，突出"道统合法性"不仅是对民意的一种良性制衡，也是加强精英群体建设（塑造一个以价值为基础的高素质精英群体）并对其约束的一种需要。其次，"道统合法性"承认社会的健康运行需要一系列基本原则，如自由和秩序的平衡、竞争与合作的平衡等，这些原则是历史沉淀的政治智慧，这些原则的坚持和维护是通过纯粹的经济市场交换、政治市场投票等运作所难以做到的，它更多是通过社会精英（尤其是文化精英）自觉的传承和维护。最后，"道统合法性"认为民意更善于反映现实而不是未来，对于社会发展的长远趋势和未来准备，精英群体比普通民众更加敏锐、更加理性，也更能够深思熟虑地筹划和应对，例如，美国宪法不是投票决定的，而是精英博弈和深思熟虑的产物。因此，"道统合法性"是为了更好地制衡民意、补充民意的不足；当然，如果没有"民意合法性"的基础，"道统合法性"很容易走向封闭和沦落。

"道统合法性"的实现机制。在以英美为代表的先发内生型宪政民主国家，宪政民主秩序更多是社会演化的一种必然结果，宪政民主的理念和习俗深入人心已经成为一种社会共识。在此前提下，"道统"的传承和维护主要依靠社会力量自发地进行，不需要也没有组织化的支持；在政治领域，"道统"转化为"宪统"，也是由普通法院来坚持和维护"宪统"。在这种社会环境下，即使联邦法院作出裁决的是9个年迈老弱的人，司法依据也已经足够作出具有最高权威的裁决，不需要特别的政治和组织支撑。但是在中国，"道统"与"宪统"的形式化、体系化特别重要，非此难以获得足够权威。如果不能获得足够权威，也就难以真正发挥其建设性作用。

为什么在中国尤其是现阶段的中国，"道统"（以及相应的"宪统"）的形式化、体系化如此重要？主要原因如下。第一，社会历史演化的差异，道统、宪统在西方社会是几百年乃至几千年自然演进的成果，在中国则是"建构秩序"，需要强大的推动力。第二，文化的差异，对于宗教信仰和规则，中国人大多采取实用主义的态度，缺乏真正的内心的敬畏，是一种耻感文化，而非罪感文化，现阶段尤其如此。任不寐在《灾变论》一书中，更将中国政治文化的本质概括为以生存恐惧为核心的灾民理性，传统政治是"灾民政治"，并认为它有三大野蛮特征：一是政治是一种生存方式而不是一项管理活动，而且政治是最高生存手段，因此全社会都追逐权力；二是政治秩序的建立、运行和变迁依靠是暴力手段而不是和平手段，因此灾民政治的"合法性"是力量执政，最强暴者执政或杀人犯执政；三是政治秩序的建立、运行和变迁同时依靠阴谋而不是公开性，因此灾民政治也是流氓执政，机会主义是它的政治智慧。第三，历史鉴戒，"以道驭势"是中华治理传统的基本理想之一，但是由于缺乏相应组织架构的支持，结果沦为"政统"的工具和奴才，未能发挥其积极作用。第四，中国的政治传统使然，中国既有历史悠久、积淀深厚的官僚政治传统，也有相对应的同样历史悠久、积淀深厚的游民传统、暴民乱治、权谋传统，官—民恶性循环是一线贯穿的游戏，要抑制强大的官僚—暴民传统，并建设性转化官—民恶性博弈，"道统""宪统"本身必须具有足够力量和权威。第五，中国现实问题的庞大规模、高度复杂性及其隐含的爆炸性使然，在这样一个国家推进渐进的治理转型，必须有一个具有足够权威又相对超脱和中立的阶层来协调、平衡和裁决。治理转型过程，是一种利益再分配的政治博弈过程，渐进的治理转型需要理想和价值引导，政治博弈需要力量来支持，“道统”（以及相应的“宪统”）的形式化、体系化有利于赋予渐进的治理转型以理想和价值引导，也赋予理想和价值本身以力量支撑。当然，在“道统”（以及相应的“宪统”）的形式化、体系化的过程中，如何避免“道统”（以及相应的“宪统”）相应的扭曲和异化，在制度设计时也是必须考虑到的非常重要的问题，此处不详述。

恰当平衡的“道统合法性”与“民意合法性”是中华治理现代重建的双重基石，这不仅是基于现代治理健康运行的需要，更是基于中国治理转型渐进性、复杂性和长期性的需要。

6.5.2 从“以道驭势”出发重建中华治理传统

“内圣外王”是中国传统政治哲学的核心概念，这一点几成共识。但笔者并不认为这是中国政治传统中寄托众多士人希望的现实政治理想，“以道驭势”才是众多士人给予厚望、给予现实努力的政治理想。理由有三：第一，文王和周公之后，以孔子为分野，“道统”与“政统”分离，帝王、官僚是“政统”代表，士人是“道统”代表；第二，“道统”代表者虽然自视甚高，但从未准备取“政统”而代之，“政统”虽然强势，但亦不敢以“道统”代表者自居；第三，在此前提下，“为帝王师”成为最高追求，虽然以“内圣外王”的理想和标准教育、要求和塑造帝王，但隐含的已经不再是对君主真正做到“圣王合一”的现实期望，而是“以道驭势”的政治期待和政治努力。

“内圣外王”是新儒家学者寻求儒学传统现代转化的出发点。大多数仍然拘守从“内圣”到“外王”的基本思路，寻求从“老内圣”开出“新外王”的道路，以牟宗三的“良知自我坎陷”开出现代科学与现代民主之说[225]为代表。有的学者，例如蒋庆，是在将“内圣”与“外王”、政治儒学与心性儒学并列的基础上重新寻求新的“内圣”“外王”之道，但也是从“内圣外王”出发的[34]。无论线性关系还是并列关系，以“内圣外王”为出发点寻求儒学传统现代转化的局限在于它无法摆脱“内圣”的哲学束缚，最终仍然难以彻底厘清道德与政治、宗教与公德的纠缠。

以“以道驭势”为基本出发点重建中华治理传统。虽然在传统社会，“以道驭势”的基本治理理想没有发展出与之相匹配的制度体系、行为模式、救济机制从而成为一个完整有效的治理模式，但这种基本理想包含着超越时代的因素；宪政治理就是以现代“道统”为基础的治理，没有共同价值基础的现代宪政民主政治是不可想象的。与“内圣外王”相比，“以道驭势”不仅是传统社会的基本治理理想，而且其现代重建的空间和容纳性也非常开阔；宪政、民主、法治只是其在制度层次的自然延伸和彻底贯彻，而不是相反。

6.5.3　中华治理传统重建的可行性与优势

从“以道驭势”的传统理想出发，建设性地汲取现代西方宪政治理的精髓，“道统合法性”和“民意合法性”并重，通过中华治理传统的重建，应对现时面临的政治文化认同危机，完成传统治理向现代治理的转型，是完全有可能的。

第一，“以道驭势”的传统理想、“道统合法性”和“民意合法性”并重的理念具有足够的拓展空间和现代容纳性，有利于建设性地汲取西方宪政治理的精髓，并形成价值、制度、行为模式、救济机制相匹配的现代治理模式。

第二，西方宪政治理几百年自然演化的道路是不可模仿、不可复制的，中国只能寻求适合自身国情的宪政治理演化道路。“以道驭势”、“道统合法性”和“民意合法性”并重的理念有助于摆脱西方宪政治理的时序和空间窠臼，真正从自身国情出发，寻求适合的宪政演化道路。

第三，强调“以道驭势”及“道统合法性”和“民意合法性”平衡，有助于重建政治文化认同，也有助于在挖掘和运用民意推动改革和发展的同时引导和平衡民意，保持治理变革过程的渐进性、有序性和彻底性。

第四，强调“以道驭势”及“道统合法性”和“民意合法性”平衡，有利于从“道统”“民意”两个方面强化对官僚传统的制约和监督，也有利于以“道统”引导和平衡民意释放过程中的官—民博弈，从而引导官—民恶性循环向官—民良性循环的渐进转变。

6.6 中华治理传统的现代重建

本部分从“以道驭势”的基本治理理想出发，探讨在现代社会重建中华治理传统面临的问题。

6.6.1 新“道统”：中华治理传统现代重建的价值基础

中华治理传统的现代重建首先面临的就是“道统”（价值体系）的重建，包含两个主要部分：一是安身立命地解决心灵、生命意义问题的超越性道统；二是协调现实社会的利益冲突，规范引导社会矛盾解决的社会调节性道统。

（1）彻底实现超越性道统与社会调节性道统的分离

在传统模式下，两者是合二为一的，即所谓“内圣外王”“格物致知修身齐家治国平天下”。从儒学诞生的时代背景来看，它有它的合理性和必然性，正如李泽厚指出：“如我再三指出的，从原始社会后期到西周以至春秋时代，一直延续着民族政治的传统，即群体命运经常取决于首领们的才德。所以在那里，道德常常就是政治，这正是原始儒学和孔孟之道的真正历史秘密。”[226]但以现代社会的视野来看，它混淆了宗教和政治两个截然不同的领域，进一步混淆了公德和私德、“责任伦理”和“意图伦理”，本意在“政治道德化”以道德来范化政治，却在现实中沦为“道德政治化”道德被政治所操纵。

（2）重建超越性的道统

虽然欠缺相应的仪式等一般认为宗教应当具备的要素，儒家学说也是一套完整的心性修养学说，具备准宗教的功能，有人称之为“儒教”，在晚清变革中，康有为还呼吁在全国各地建立“孔教会”；所以，在中国历史上，儒家学说一直是知识分子安身立命的主要信仰。

现代世界是一个多元化、全球化的世界，人的信仰也是多元化的，企图将儒家学说宗教化，并树立为国教强制推行，如康有为所建议、蒋庆所设想的一样，是违背历史潮流的，也是难以行得通的。但是，儒家心性修养观念在中国有深厚的历史和社会积淀，在超越性道统重建中自有其独特的价值。

与几大宗教相比较，儒家心性学说带有强烈的精英色彩，较难普及。以儒家和基督教的比较为例，详见表 6.1。

表 6.1　儒家与基督教的简单比较

	儒　家	基督教
人的定位上	天地人三才并列，尊神不卑人	尊神卑人，上帝全知全能，是世界的创造者和支配者
认识论上	自助，自觉的格物致知、体悟	神的启示
行动方法上	自助，修身养性	遵从神的教导，自我牺牲
互动关系上	强调自助，个体性、内倾性较强	强调互助分享，外倾性、扩张性较强
结局上	无终极承诺，此世的境界提升、成君子、成圣人，可验证	有终极承诺，彼岸的最终救赎，死后进入天堂，不可验证
过程与难度	很艰难的认识上、人格上的自我否定、自我超越过程，特别对普通百姓	皈依、遵从和自我牺牲过程，相对较易于普及，特别是对于普通百姓，可及性极强

因此，把儒家提升为儒教，以之抗衡其他宗教的想法有些不切实际；毕竟，生活的信仰、心灵的安顿、生命的意义，不仅是知识分子的问题（虽然这个群体对此有更强烈的关注），也首先是大多数普通百姓的问题。而对他们而言，简单易行、可及性、互助性都是非常重要的，这正是儒家的短板。实际上，在中国普通百姓中间，影响最大的不是这些修身养性之道，而是较为人格化的观音菩萨、如来佛祖、元始天尊、关公等人格神，尽管其精神内核往往还是儒家思想的普及版。

从信仰上来看，儒家强调对“天”“天命”的敬畏，但却不是一元论的人格神崇拜。无论基督，还是佛祖、安拉，在中国人看来，都是“神”、是天的体现，因而不似西方社会激烈甚至血腥的宗教冲突，中国文化中诸宗教可以和谐共处于一山甚至一庙，良性互补、相互交流而不发生冲突，这可以以历史、以现在的事实为证。这有利于以之形成基本价值共识，在此基础上广纳各种宗教，一起解决中国人生命、信仰、心灵等内在超越性问题；儒家的思想是其基本价值共识的主要来源，但是在信仰选择上，儒家仅仅是多元选择之一。这些基本价值基础至少应该包括：第一，对天与神的敬畏。对人的有限性的承认，对天与神的无限性的承认与敬畏，是内在超越的前提。没有这种发自内心的敬畏，也就没有内在约束意识，以及由此产生的心灵的不安或安宁。第二，有益于个体身心健康。无论选择什么样的信仰，应当有益于信仰者在此世的身心健康，或者有利于疗治身心疾病，或者有利于促进其身心健康协调，而不是以牺牲此世的身心健康换取彼世的拯救。第三，有益于个体的自我完善。无论选择什么样的信仰，应当有益于促进个体自我完善，或者是人格上的不断自我完善，或者是技能、知识上的自我完善，可以是横向的不断丰富，也可以是纵向境界、层次的不断自我超越和提升。而不能是使信仰者更加萎靡、颓废、堕落。第四，提倡爱和奉献。无论选择什么样的信仰，应当提倡爱和奉献，促进个体自觉约束自己去恶从善，在爱与奉献中实现自我的超越、救赎和此世价值，而不是提倡冷漠、教唆仇恨或播种残暴。

（3）重建社会调节性道统

传统中华治理的社会调节性道统是“君君、臣臣、父父、子子”的礼治，这本源于周公建立的旨在维护氏族贵族秩序周礼[226]1-50，孔子将其继承来，虽然“以仁释礼”在哲学上很有创意，但是作为一种秩序却是比较失败的，它没有有效地规范传统中国的“君君、臣臣、父父、子子”，更不能有效地规范由陌生人组成的、超大规模的现代社会。在指导现代社会的组织和调节方面，西方权利哲学与中国礼治思想已经不是同一平面上的文化之差别，而是不同层次的高下之分；社会调节性道统的重建必须建设性的汲取西方社会权利哲学的精华，并以之为当今中国社会调节性道统的核心。

个体的自然起点是不平等的。个体自己不能决定是否应该降生，但个体一出生就被规定了其天赋和客观条件。有的个体拥有健壮的身体、优雅的容颜、聪明的头脑，有的个体则身体孱弱、形容粗糙、天生愚钝；有的个体拥有优越的家庭背景、良好的早期教育，有的个体则出身于不幸的家庭，童年生活被被烙上浓重的阴影。这一切是被决定的，而不是个体能够主动选择的，但是深刻地影响了个体的成长，这就是自然起点的不平等。

个体的社会起点是权利平等。个体成群的最初目的是为了更好地分工、交换、交流、互助和合作，但在社会发展的一定阶段，有的个体凌驾于某些个体之上，有的群体凌驾于某些群体之上，从而在一定意义上扭曲了人成群的本义，但不能根本改变社会源于人成群的合作本质。

个体的社会起点是权利平等包含如下含义：个体参与到社会中是为了更好地分工、交换、交流、互助和合作，为了寻求自我改善，而不是自我破坏，个体对社会的参与是平等的；每一种正式的职业分工都是社会正常运行的需要，每一种职业从业者对社会的运行都有自己的贡献，并从自己的职业贡献中获得自己的尊严；对社会文化遗产的继承每个个体都是平等的，每个个体都有权利吸收、运用社会积累的文化遗产去实现自我改善；每个人在自我完善、内在超越面前是平等的，无论高官富豪，还是贩夫走卒；每个人在幸福面前是平等的，权力、财富和荣誉是炫耀的资本但未必带来幸福，任何一个普通人都能够实现自己健康、自我完善、爱和幸福的生活；社会应该平等地促进每个个体实现自己潜力、自我完善的机会和能力。

个体权利的平等主要包含如下内容：政治权利，个体拥有参与政治生活的权利，包括选举和被选举，言论、出版、集会、结社、游行示威、罢工、迁徙，监督、批评和建议等基本政治权利；经济权利，包括劳动的权利，休息的权利，选择职业的权利，请求社会经济支持的权利等；教育文化权利，包括思想、创作和研究的自由，受教育的权利，请求教育扶助的权利等；社会权利，人身自由、人格尊严不受侵犯，宗教信仰的自由，通信和交流的权利，参与社会生活和社会组织的权利等。

个体权利的平等是现代社会组织和运行的起点，是最大限度维护社会源于合作、立基于合作的根本保证，是公正的社会制度的最终保障。

个体权利平等的实现体现为社会制度安排的公正。权利平等赋予个体以机会和空间，制度公正则主要依据社会贡献，协调个体间、群体间利益具体分配资源，并规定救济机制。只有制度安排的平等才是最原初的公正，只有公正制度安排才能为社会合作奠定最坚实基础。

互助合作是人成群进而形成社会的本义，只有保障个体的权利平等，促进社会制度安排的公正，才能够真正实现和维护社会合作，避免社会冲突。

（4）“内圣外王”的现代转化

传统的“内圣外王”有两层含义：一是以个体为单位的，寄希望于统治者内修身性、外施仁政，这是“内圣外王”的主要含义；二是以民族为单位的，对内以道德礼仪立国，对外施行王道。

要在现代社会坚持“内圣外王”，必须将个体单位转换为社会（民族）单位。对内，坚持以“新的道统（价值体系）”来教化民众、培养习俗，成为民族凝聚力的价值核心，民族力量整合的价值纽带，以此促进民族的稳定、改革和发展，最终实现中华民族的伟大复兴；对外，以“新的道统（价值体系）”立国，汲取、发展和复兴中华文明，积极汇入人类文明发展主流并为人类文明发展贡献新鲜血液，并以“新的道统（价值体系）”为基础形成理想主义和现实主义并具的新国际战略，建设性地参与到国际政治中去，促进和维护人类的和平与发展。

（5）“以教化民”的现代转化

“以教化民”的传统思想仍然有其现实意义，尤其在我们现代宪政意识、习俗大为不足的现阶段。但是，必须摒弃旧的思维和形式，加以现代转化。

首先，彻底摒弃“以吏为师”“思想为政治服务（实质是为政治权力服务）”的观念，教化体系必需成为独立于政治权力的体系，而不是为政治权力服务的体系。官员群体是首要的教化对象，而不是施教者。政教合一是中华治理传统和全能治理传统的核心，政教分离是实现中华治理传统现代重建的关键。

其次，彻底摒弃对“私德”的制度性干预，教化的内容仅限于公共领域运行所必需的公共价值和公共道德，以及相应习俗的培养，即社会调节性道统。至于属于内在超越性道统范围内的“意图伦理”则由民间社会自己生成、选择、教化和培育，可以提倡但不能制度性干预。

最后，创新教化形式，杜绝令人生厌的以知识灌输为主的僵硬教化，公共价值和公共道德主要是潜移默化的习成，适当的引导是必要的，但与知识没有必然关联性，更非正比例关系。

6.6.2　新“政统”：中华治理传统现代重建的公共治理结构

中华治理传统的现代重建所形成的新“政统”主要包含“宪统”“官统”“议统”三个主要组成部分。其中，“宪统”是“道统”在政治领域以宪法为核心的制度化体现，“官统”是公共权力的制度化体现，“议统”是民众代表参与政治的制度化体现。以“统”概括，而不是简单地以“制度”言说，因为三者在价值基础、职能定位、组织依托、资源依托、结构定位上皆有根本性差别。

在公共治理结构中，“宪统”是宪法性整合秩序的核心。“宪统”价值定位是维护体现现代治理道统精神的宪法价值、宪法和法律；职能上主要是教化、监督、审查和裁决；组织上以遍布全国各行各业各个层次的“宪政委员会”为依托；资源是宪法赋予的特殊权威；公共治理结构中定位是权利—权力的监管者，是宪法价值和宪法规则的坚定守护者。

“官统”的价值定位是公共服务；职能是提供公共物品；组织是各级政府及其附设机构；资源是法律赋予的行政权；体制中位置是公共物品的主要提供者。

“议统”在公共治理结构中的价值定位是代表民众利益；职能定位是利益综合和协调；组织依托是各级代议组织；资源依托是宪法赋予的“代议权”；现代治理结构中的位置是公民权利的法定代理人，介于政府于民众之间，成为沟通“政统”与“民统”的桥梁。

6.6.3　新“民统”：中华治理传统现代重建的坚实基础

新“民统”指的是民间社会的自我改造、演化而形成的新的民间精神、新的习俗、新的规则、新的人际—组织网络，亦即现代公民社会的生成。新“民统”的形成是演化的进程而不是塑造的进程，但是社会精英的引导应当是演化过程的一部分。

新的民间精神的形成。例如，具有较强的权利意识，注重维护自己的权利和自由，但同时具有规则和秩序意识，尊重规则和秩序，从而维系自由与秩序的平衡；具有平等竞争的意识和精神，但也具有同样的合作意识和精神，从而维系合作与竞争的平衡，等等。新“民统”形成的过程也是“臣民社会”向“公民社会”转变的过程。

民间社会内部的自治和互助。社会源于人成群的合作，民间社会内部的自治和互助是现代社会合作的基础。民间社会内部的自治和互助有如下好处：一是促进民间社会自身公共利益的需要，有些公共问题不适于通过官僚程序和市场交换来解决，反而通过自治、互助或NGO的方式更有效益也更有可获得性；二是能够促进权利自组织，有利于监督和维护“官统”“宪统”的良性运行，现代公共治理良性、有效的运行离不开良性、有效的公民参与；三是能够承接政府职能转移所分离出的公共职能，为建立一个适度规模的政府而奠定基础。

政治参与的制度化。因应制度上政治参与空间的开辟、渠道的开拓，新“民统”应当培育新的政治参与文化的形成，促进政治参与的制度化。而这意味着：逐渐改变“善分不善合”的传统，民间社会应当有效地组织起来；逐渐摆脱游民文化、权谋文化、暴力文化的影响，培育现代政治参与的习俗；区分政治和道德，学会政治宽容，培养政治利益表达、政治谈判、政治妥协等政治博弈的技艺和能力。

契约文化与人际文化重心置换。现代社会首先是一个“陌生人”的社会，契约和对契约的诚信能够将社会交易成本最小化；而成型于也适合于传统农业社区社会“熟人圈子”的“人际”文化则在现代社会对个体拓展和维护人际网络的能力提出了非常高的要求，已经超出了一般人的能力，不仅提高了个体的交易成本，也提高了社会交易成本。契约文化与人际文化重心置换不仅有社会合理性，也是历史发展的必然。随着民主法治的进展，权力的随意性得到更好的约束，人际文化兴旺发达的一个重要支柱将日渐衰落，也必将促进契约文化的日渐发达。只要实现重心置换，以契约为重心而不是以人际为重心，传统的人际文化将建设性地补充契约的僵硬，发挥其有利的一面。

小　结

价值体系、制度体系、行为模式与救济机制四者之间的相互支持和相互强化是一种治理模式成功运转和自我更新必不可少的，西方宪政治理的成功、全能治理模式的衰败、中华治理模式下周期性的治乱循环皆肇因于此。思考和选择治理转型的文化资源和新进路，必须系统的考虑这四个环节之间的兼容和整合。

中华治理传统所内涵的“以道驭势”的理念、“道统合法性”与“民意合法性”平衡的理念具有超越时代的意义，可以之为基础建设性的汲取西方宪政治理的精华，以中华治理传统的现代重建为进路来实现治理转型的突破。

困境、重构与突破：中国治理转型的模式研究

第7章 中国治理转型的模式重构

传统治理是以“官—民”对立为根本特征的两极模式，1978年以来的治理转型和探索大大加强了“官—民两极”的弹性和适应性，但在模式上并未根本走出“官—民”对立的两极模式；30年治理转型所遵循的“技术性渐进变革模式”也无助于根本解决中国所面临的治理困境。本章在以上论述的基础上，试图提出一个更具有内在稳定性的“官（政府治理）—协调仲裁者（政党治理）—民（社会治理）”的三极互动模式来取代现在治理运行遵循的两极治理模式和30年治理转型所遵循的“技术性渐进变革模式”。三极良性互动既是中国治理转型的路径，也是中国治理转型的最终目标。

7.1 模式重构的标准与原则

治理转型的过程和目标是存在差异的，对于我们这样一个大国而言，目标的彻底很重要，但是过程的有序也同样重要，尤其是过程必定较长的时候。根据以上分析，提出两项衡量治理转型模式重构优劣的规范标准。并进一步提出模式重构需要遵循的基本原则。

7.1.1 目标标准：中国国情与现代基本价值的创造性结合

在目标上，最重要的是坚持中国国情与现代治理基本价值的创造性结合。一方面，人权、宪政、民主、法治等现代治理的基本价值是普世价值，是人类文明的硕果，而不是西方发达国家的专利，中国的治理转型必须坚持这些普世价值导向，这

是本书的一个基本立足点。另一方面，坚持现代治理价值的普适导向，并非照搬西方发达国家的具体治理形式，西方发达国家的治理形式也是根据它们各自的国情结合现代治理价值形成的。

7.1.2　过程标准：整合、改革、发展的高层次平衡统一

整合不同于稳定，虽然有的学者提出动态性稳定的说法，试图挽救“稳定”的概念。整合面向未来，立足共同愿景的凝聚，着眼于矛盾的制度性转化，但不排斥分歧和矛盾，只是努力使分歧、矛盾的博弈走向制度化轨道。整合为良性的改革、发展提供前提。改革才能除旧布新、建立新的制度框架，为制度性转化社会矛盾，为整合提供制度平台。改革和整合都不能彻底解决问题，只是把问题和矛盾的解决纳入良性循环轨道；而发展是对整合的巩固，对改革的检验，但没有整合和改革就没有发展。在宪政发展中不断促进制度化地解决矛盾和问题是整合、改革、发展三者有机统一，在互动中走向高层次平衡的内在灵魂。

7.1.3　模式重构的基本原则

第一，实践可行性和理论彻底性的统一。治理转型的模式应当体现实践可行性与理论彻底性的原则。有的在理论上有其独特价值，但是在实践上很难行得通，如治理转型的“宪政民主说”“儒家王道政治说”；有的在实践上是可行的，但是在理论上依然不够彻底，需要在发展过程中继续完善其理论，如“国家基本制度建设说”“增量民主说”“借鉴东亚模式的渐进变革说”。好的治理转型模式应该是实践可行性和理论彻底性的有机统一。当然，实践可以是分阶段的，但理论上必须力求彻底，不能以实践的阶段性划分来证明理论的阶段性。

第二，过程有序性和结果彻底性的统一。好的治理转型模式应该是过程有序性和结果彻底性的有机统一，对于我们这样一个国情复杂的大国尤其如此。治理转型模式的重构不是否定治理转型进程的渐进性，而是为了更好地渐进发展；坚持治理转型进程的渐进有序性也不能牺牲结果的彻底性，而是为结果

的彻底性服务。

第三，长期合理性与短期合理性的统一。好的治理转型模式应该体现长期合理性与短期合理性的有机统一。没有长期合理性，就没有明确的变革方向以及现代治理基础的积累；没有短期合理性，政治上就很难具体操作，循序渐进的分阶段发展也就难以实现。理论上，“咨询性法治政体说”是缺乏长期合理性的典型；实践上，“行政体制改革”集中体现了短期合理性的优势和困境。而“宪政民主说”虽然具有较强的长期合理性，却极其缺乏短期合理性。

7.2 价值和功能的选择与承担

在以中华治理传统重建为基础的公共治理结构中有三个重要的组成部分，分别是“宪统”“官统”“议统”。如果中国共产党从全能型政党转型为功能型政党，则须从中选择最有利于中国共产党政治权威转化，也最有利于渐进、有序、彻底的治理转型的价值和功能。邓小平关于党政分开的讲话具有指导意义，党政分开是“政治体制改革的首要关键”，“党政不分、以党代政这个问题不解决，整个政治体制改革都无从展开”。党政分开“可以使党处在超脱的、驾驭矛盾和总揽全局的地位，从而发挥‘协调各方’的领导作用”[227]。

7.2.1 承担“议统”功能

第一种选择，中国共产党的权力重心转向人大，即“议统”，承担意见表达与综合的功能。支持结构内调整的大多数学者明确支持或认可在现行政治结构内中国共产党与人大关系的调整，党的权力逐渐转向人大（详见第1章1.2节文献综述部分）。

这种选择存在如下问题。第一，意见表达与综合仅仅是政府过程的一个环节，不是政府过程的全部，如果仅仅承担这一个环节的功能，不利于政党处于一个超脱的、协调各方的位置。第二，现代社会分化为不同的阶级、阶层、利益群体，每个群体都有自己的独特意见，按照功能型政党建设的思路，承担这些不同的阶级、阶层、利益群体意见表达和综合功能将会给政党转型和政党建设带来两难：代表所有阶级、阶层、利益群体的利益不仅不可能，也很容易将社会分化“党内化”，给政党建设带来特殊的困难；选择性地代表某些阶级、阶层、利益群体的利益，忽略其余的阶级、阶层、利益群体不符合现代治理的基本价值，将其余阶级、阶层、利益群体的利益交由其他政治性组织代表则必然面临政治竞争。第三，此种选择将使中国共产党在治理转型中处于更为尴尬的地位：不真实地代表民意自身将丧失合法性基础，真实地代表民意则极容易被民意左右，再加上民意本身的复杂性、竞争性、高度分歧性，无论中共表现好坏都将面临指责。回避困难，过滤和扼杀民意，则完全失去政党转型的意义。第四，在现代治理运行中，民众意见表达和综合这个环节，本身是一个高度竞争性的环节，使中国共产党转型垄断这个环节的权力，则必然意味着排除其他政治性组织在此领域的努力，这是很困难的。

7.2.2　承担“官统”功能

第二种选择，中国共产党将权力重心转向政府，承担“官统”，成为“执政党”，掌握行政大权。这种选择存在如下问题。

第一，不利于渐进、有序、彻底的治理转型。治理转型的目的之一就是实现政府和平有序的轮换，而不危及基本政体。政府的产生源于民主选举，政府为其所提出和实施的公共政策负责，公共政策的实施招致民怨则需承担责任、辞职或在竞选中下台。

第二，使中国共产党“成为矛盾的一个方面”，“使党委变成了当事人的一方，毫无回旋余地，实际上使自己丧失了本来应该具有的协调矛盾的资格”[227]。按照邓小平对党政分开的设想，中国共产党应该处于一个比较超脱的位置来协调各方利益和矛盾，这种选择必然使中国共产党与公共政策的成败捆绑在一起，公共政策有效则相安无事，公共政策失败则成为批评和攻击的靶子。

第三，不利于现阶段“官—民”两极紧张关系的缓和和协调。中国共产党掌握执政权，成为“官—民”两极的一极，在现阶段的官民冲突中，选择加强控制则不利于矛盾的缓和和治理转型，只能在稳定的表面下制造更多的紧张；选择扩大民主、自由来根本缓和矛盾，则很容易导致混乱并使政府处于被动位置。

7.2.3 承担“宪统”功能

第三种选择，中国共产党将权力重心从目前的政府转到新设的“宪政委员会”，承担“宪统”功能，以宪法及其所体现的价值为准则，在一个较为超脱的位置协调各方。

第一，“宪统”定位。在公共治理结构中，“宪统”是宪法性整合秩序的核心。“宪统”价值定位是维护体现现代治理道统精神的宪法价值、宪法和法律；职能上主要是教化、监督、审查和裁决；组织上以遍布全国各行各业各个层次的“宪政委员会”为依托；资源上拥有宪法赋予的特殊权威；公共治理结构中的定位是权利—权力的监管者，是宪法价值和宪法规则的坚定守护者。

第二，这种选择有利于渐进、有序、彻底的治理转型。中国的治理转型将是一个较为漫长、曲折和充满矛盾、冲突的进程，党将权力重心转向“宪政委员会”有利于在政府—议会之外形成新的政治—社会稳定和整合的中心，依托其强大的组织资源，维护治理转型的渐进性、有序性；这种选择有利于平衡和转化治理转型过程中中的民意爆炸，由于中国现阶段积累了很多历史的和现实的矛盾，一旦治理转型开始，自由化、民主化很容易导致民意爆炸，进而冲击脆弱的现代治理基础，而“宪政委员会”的设置则有利于控制治理转型的节奏，平衡、引导和转化这种民意爆炸，也有利于在最终公共治理结构中平衡“民意合法性”，维护宪政结构的健康运行；中国共产党的价值和职能定位是在治理转型过程中和未来公共治理结构中维护宪政稳定有序地运行，这种职能定位内恰于宪政治理的要求，与宪政治理根本相容，这有利于治理转型的最终彻底性。

第三，这种选择有利于中国共产党政治权威的建设性转化。中国共产党价值和职能定位的合法性基础是“道统合法性”，中国共产党政党转型的目标是以此为基础的功能型政党，这不仅为政党建设性转化为治理转型的积极因素提供了可能，也为政党政治权威的转化提供了“西方式政党”之外的新出路；在较长时期中国共产党对“宪政委员会”权力的垄断，不仅为治理转型提供了一个稳定的基础，也为中国共产党本身的彻底转型提供了有利条件，使中国共产党有充裕的时间和空间实现自身价值、组织、功能和作风的彻底转变，从一个全能型政党彻底转型为内恰于现代治理的功能型政党。

第四，这种选择更符合政党的本义。政党作为一个政治组织，本应是政府与社会的中介和桥梁，既不应“以党代政”，包揽政府事务；也不应“代民议政”，变相代替议会的功能。在西方政治中，政党是通过选举的方式沟通政府与社会，在中国治理转型过程及治理结构中，中国共产党作为一个政党则是以特殊的方式介于国家与社会之间、政府与议会之间，居中协调和平衡，维护两者的良性运转。

7.3 三极互动模式与中国共产党的创造性转化：一个构想

本节具体阐述一个治理转型与中国共产党政党转型兼顾，实现中国共产党创造性转化为治理转型的积极因素的模式构想，即宪统—官统—议统三极良性互动的新政统。

7.3.1 “宪统”：中国共产党转型为宪法性整合秩序的核心主体

中国治理转型的主要内容是促进宪政发展、维护宪政健康运行，但迄今为止不具备自主自立自足的宪政发展的条件；对于中国共产党而言，在新的形势下也面临长远的合法性困境。解决这一双边困境，重新达到新的均衡，需要中国共产党在治理变革过程中重构自己的政治权威，即：通过自身价值、职能、组织的转型使自身适应宪政发展的内在需要，把促进宪政发展、维护宪政运行作为自身未来的权威增长点和权威立足点，在此过程中实现自身权威最大化和社会产出最大化的新均衡。唯此，方能在一个异质性、多元性、开放性不断增长的社会体系中维护和加强自身权威，同时为维护和促进社会整合作出建设性贡献，成为治理变革进程中的进步力量、现代治理运行中的健康力量。

中国共产党实现由“全能型政党”向“功能型政党”转变。为此，中国共产党的建设思路需要实现由“全能型政党”向“功能型政党”的转变，即中国共产党不再将自身定位于政府的核心和社会的核心，而是定位于宪法性整合秩序的核心，是宪法及其所体现的普世价值的教化者，是政府运行、社会运行的监督者，是政府与社会之间的协调者，是权力与权力、权力与权利、权利与权利博弈的仲裁者。具体包括：创设“宪政委员会”，专司促进宪政发展、维护宪政健康运行；将党的权力重心逐步转向“宪政委员会”（而非如现在的重心在政府，以及一些学者所构思的未来将权力重心转向人大），即通过宪政委员会来实现党的领导，而非作为第一议会“代民议政”，作为第一政府“以党代政”；在领导方式上，由直接领导转变为间接领导，由行政控制转变为法律控制；主要职能由决策、执行转向教化、监督、审查和裁决；价值立足点是促进和维护现代道统和宪统，同时促进相对独立的政统、民统的健康发育。

中国共产党在治理变革过程中的使命。中国共产党在治理转型过程中的使命包括：①维护治理转型过程的有序性，包括社会稳定和整合、国家统一和安全等；②渐进性地促进传统治理向现代治理的演变，包括制度的突破，宪统、政统、民统的相对分离和健康发育；③通过教化、监督、审查和裁决等方式规范权力与权力、权力与权利、权利与权利的关系，促进和维护三者在宪法基础上的制度性合作和博弈。

中国共产党在未来公共治理结构中的定位。在最终的公共治理结构中，中国共产党仍然是宪法性整合秩序的核心主体。价值上维护宪法为核心的现代治理的道统、宪统；职能上主要是以宪法和法律性规范为准则的教化、监督、审查和裁决；组织上以遍布全国各行各业各个层次“宪政委员会”（党组织）为依托；资源来自于宪法赋予的特定法权；体制中的定位是权利—权力的监管者，是宪法价值和宪法规则的坚定守护者。

对中国共产党的运行的监督和制约。中国共产党作为权利—权力监管者的崇高地位是以宪法为基础的，其所有的活动也必须建立在法律的基础之上，监管者本身并无任何超越法律的特权，这是对中国共产党的运行进行监督和制约的法理前提。具体包括以下几点：①中国共产党自身的监督和制约，中国共产党的价值和职能定位决定了可以实现真正的委员会制，其主要事务也是可以高度公开透明的；②来自于政府的抗辩，政府对于宪政委员会有具体的人一事抗辩权；③来自于人民代表大会（议会）的具体人一事的抗辩和监督；④来自于更广泛的普通公民组织的监督；⑤来自于媒体的监督。监督的目的不是否定中国共产党的监管地位，而是为了维护其良性运行。

7.3.2　“官统”：政府是公共物品供给的核心主体

政府的形成、运行和监督。各级政府逐步实现由选民直接或间接选举产生，选举和政府形成过程在“宪政委员会”的监管之下，政府运行既受“宪政委员会”以宪法和法律为基础的制约，也受人民代表大会以“代议权”为基础的制约，亦受普通公民组织和媒体直接以公民基本权利为基础的制约。

政府是公共物品供给的核心主体。政府的价值定位是公共性；职能是提供公共物品和公共服务；组织是各级政府及其附属机构；资源是法律赋予的行政权；体制中定位是公共物品的主要提供者。

充实和完善“一主多元”的公共物品供给结构。政府是公共物品和公共服务的主要供给者，但并不排斥而是积极鼓励商业组织和非政府组织提供公共物品和公共服务。为建立有效的公共物品供给结构，挖掘商业组织和非政府组织在提供公共物品中的潜力，政府自身应实现由直接生产者的单一角色向动态的兼任生产者、安排者和培育者的“多面人”角色转换，建构以政府为主导，商业组织和非政府组织广泛参与的多种方式并存的“一主多元”公共物品供给结构，以更好地提供公共物品，实现公共服务的价值定位。

7.3.3　“议统”：人民代表大会是民意表达和综合的核心主体

人民代表大会是行使法定代议权的法权性代议机构，是民意表达和综合的核心主体。人民代表大会的价值定位是代表民众利益，如果不能更好地代表民众利益，它就完全丧失了自身存在的合法性基础；职能定位是民众利益表达和综合；组织依托是各级人民代表大会；资源依托是宪法赋予的“代议权”；三极互动治理模式中的定位是民众利益和权利的法定代理人。人民代表大会是三极互动治理模式中权力与权利之间沟通的关键性桥梁，作为民众利益和权利的法定代言人，必须保持其高度开放性和透明性；作为权力制衡的关键参与者，必须坚守其合法性基础。作为三极互动治理模式中法定代议机构的人民代表大会将逐步实现直接选举，并在治理结构中逐步真正行使代议职能，成为传统治理向现代治理转型进程中民主发展的增长点。

7.3.4 以“民统”为基础保持三极互动治理模式的开放性

宪统、官统、议统的三极互动必须保持足够的开放性，并建立在“民统”（公民社会）的坚实基础之上，方能保证其有效、良性的互动，避免价值的异化和职能的扭曲。

三极互动治理模式中宪政委员会（中国共产党）、政府与人民代表大会三者的关系是相对封闭的权力制衡关系。宪政委员会对三极互动的主导是建立在宪法和法律规定之上的，并非不受任何制约的权力；有权力制衡比没有权力制衡是治理变革的一大进步，但仍然是一个相对封闭的体系。之所以是相对封闭的，是因为三者在每一个层级上拥有权力的只能是少数人，现代治理也难以摆脱少数人统治多数人的局面；理论上，拥有权力的少数人仍然是一个相对封闭的精英体系，有可能沦为基于精英利益的相互钳制或勾结，而不是依据公共利益和法律的健康的相互制衡。

“民统”（公民社会）是三极互动治理模式的坚实基础。公民社会包括除中国共产党、政府、人民代表大会以外的所有不享有法定权力，多种多样、数量众多的非政府、非企业的民间组织。千千万万的普通民间组织是三极互动治理模式的坚实基础，其在三极互动治理模式中的价值和功能是基础性的：没有这千千万万个普通的民间组织，公民社会无法有效监督宪统—官统的权力、避免其价值和职能的异化，无法有效保障人民代表大会的代表性和其本身价值与职能的异化，也无法有效参与到公共物品供给过程中去建设性地弥补政府公共物品供给的不足。

宪政委员会（中国共产党）、政府、人民代表大会与普通公民组织构成一个相对开放的公共治理体系。在这个开放的体系中，无论是宪政委员会（中国共产党），还是政府与人民代表大会，各自的活动和相互监督制衡都处于普通公民组织以及媒体的监督之下，能够较为有效地保持公共治理体系的开放性和活力。同时，为更好地提供公共物品和公共服务，满足民众需要，商业组织、非政府组织（包括志愿组织和合作组织）与政府构成一个相对开放的公共物品供给体系，三者以宪法和法律为基础，以政府为主导，分工合作，为社会提供公共物品和公共服务。

7.3.5　“三极互动”模式的比较优势

宪政委员会（中国共产党）、政府与人民代表大会构成一个“三极互动”的治理模式。该模式与“渐进性技术变革模式”及其他治理变革的理论构想相比，具有比较优势。宪政委员会（中国共产党）、政府与人民代表大会“三极互动”的现代治理模式主要有以下优点。

第一，它既是一个过程模式，也是一个目标模式，较好地实现了路径与目标的统一；从形式上摆脱了两极治理结构的内在紧张，不仅为现代治理因素的发育开辟了足够的空间，而且现代治理因素的发育和成长只能使该模式更加巩固、充实而不会使其内在矛盾更加突出；但形式的转变仅仅是为传统治理向现代治理的转变奠定了足够开阔的空间和包容性，是为了治理转变的有序、持续和彻底，而不是对渐进性治理变革的否定。

第二，较好地实现了中国国情与现代治理基本价值的创造性结合，使现阶段的治理结构与现代治理之间有了一个较好的对接；既保证了权威的连续性，又较好地实现了权威合法性基础的转化；在保证权威连续性的前提下，民主、法治的健康成长必将为根除地方庇护网政治、既得利益集团政治、结构性腐败、权力—资本的非良性联姻等四个恶性政治肿瘤，以及其他困扰治理变革的深层次问题创造条件。

第三，较好地保证了治理变革过程中整合、改革和发展三者的有机统一；有利于保持转型过程的有序性和彻底性，防范治理结构转型中民主化所引起的分裂和动荡；有利于处理中央和地方关系，逐步根治地方政权的类苏丹化现象，改善和规范中央—地方关系；有利于保证国家统一，防范民族分裂；有利于保证行政机构退出乡、村后县以下政治博弈的有序性；有利于防范民主化过程中外国势力的干预等。

第四，较好地实现了实践可行性与理论彻底性、过程有序性与结果彻底性、长期合理性与短期合理性的高度统一；也能够较好地实现治理变革阶段性和连续性的衔接，避免因领导集体转换带来的发展断裂。

第五，较好地解决了宪政发展与党的转型两者的适应性和匹配这个治理转型的关键问题，能够达到新的诺斯均衡。一方面，政党从宪政建设过程中获得新的合法性，在未来治理结构中也有独立的法理地位；另一方面，能够赋予宪法以最强大的政治力量支持，将纸面宪法转化为实践性宪政秩序，赋予现代治理的道统和宪统以现实的政治力量基础，有利于推动道统、宪统的重建。

第六，三极结构比两极结构更具稳定性，有利于摆脱传统的两极恶性循环，逐渐建立良性的三极循环。

7.4 两极治理模式向三极治理模式的过渡

前已述及，现阶段的治理模式仍未摆脱传统“官—民”两极政治的窠臼，而且积累了深厚的矛盾，不是一张可以随意涂写的白纸。如何在重重制约中实现两极治理模式向三极互动治理模式的转换，并在三极互动中实现渐进、有序、彻底的治理转型，是三极治理模式构想首先面临的问题。

7.4.1 治理转型的启动

突破性的治理转型需要启动的契机。在中国现阶段，治理转型的启动契机很可能是特定事件的出现及其影响。

首先，虽然进行以政治改革为核心的治理转型已经是包括中国共产党政治精英在内的精英阶层最为关注的问题[228]，党内也有倾向于改革的政治精英，而且随着领导集体的代际更替，政治改革的态度和意愿应该更加积极，旧的意识形态也早已不构成实质性障碍。但是即使主张改革者主政也很难主动推行结构性的政治变革，原因很简单：既得利益阶层已经是强大的改革障碍；弥散党内外的技术性调整、短期行为、机会主义等普遍性心态很难克服；中国政治的改革者仅仅是领导集体的一员，改革者的选择既受政治结构的制约，更受庞大官员阶层的制约；虽然推动宪政改革也许是中国最后一个建立千古伟业的机会，也是最后一片产生“克里斯马领袖”的沃土，但那种既具有华盛顿的品质、识见和视野，又具有高超的政治艺术，能够适应并且熟练驾驭中国政治的政治家，可遇而不可求。

其次，在现阶段政治控制、政治吸纳、政治改革三位一体的政治战略下[178]，维权运动、公民社会、私营企业主阶层都不具备推动结构性政治改革的足够力量。虽然社会矛盾频仍，但是限于组织和宣传的有力控制，社会矛盾并不能转化为政治矛盾，很长时间内，群体性事件及维权运动的意义仍然在于具体的问题、具体的个案；很长时间内，公民社会不可能改变其技术性、经济性突出、政治性较弱、帮忙而不添乱的基本特征；私营企业主阶层更多被政治吸纳，依附于政治权力并从中获益，而不是政治改革的推动力。整体上，假如中国共产党的基本政治战略不改变，在较长的时间内，三者都不具有推动整体政治改革的能力。

再次，很多第三世界国家的政治变革源于外在动力。这一点，对于中国几乎没有可能性。中国只要不分裂，来自全球化的外源性政治变革动力就只能在价值的潜移默化方面起作用，而不可能在推动政治变革议程上起作用。因为中国是一个实力和影响力正在上升的大国，任何国家都不可能不重视中国政府的态度，近年来，美国在人权问题上向中国施压的力度和频率明显减少即是显证。此外，第三波民主化浪潮在 20 世纪 90 年代达到最高峰，现在已进入衰退期，何时再来下一波高峰，谁也不知道。

最后，特定事件的发生可能成为政治改革的契机。第一，局势产生事件，官—民关系的持续紧张，失业、失地、住房等领域积怨甚深……一旦遇到经济危机或其他大规模突发性事件，这些问题很容易引发特定事件，而特定的事件往往带来转折，如甲午战争、珍珠港事件等。第二，特定事件凸显政治改革的迫切性，激活遍布各领域的改革潜能。上述三个方面虽然主动推动结构性政治改革很困难，但是却具备强大的政治改革潜能，特定事件的出现很容易激活这种强大的政治改革潜能，只要能够因势利导就能使其转化为强大的改革动力。第三，事件的必然性和偶然性。若这种事件的规模、烈度不大，则影响力不足以激活、聚集足够能量推动政治改革；若这种事件的规模、烈度太大超出了控制范围，则导致动荡分裂，事件发生的时间、地点、方式、领域、规模和烈度都是难以预知的，运气的成分很大，但是为事件而准备不同预案却并非没有意义，在这种意义上，事件和准备都是现行危机管理的高级版。第四，如上所述，没有特定事件的出现并形成客观情势，集中凸显政治改革的迫切性，即使改革者主政也很难实现政治动员，更难克服既得利益阶层的强大阻力；在这种意义上，一定规模和烈度的事件是政治改革的机会。

当特定事件发生，事件的规模、烈度恰到好处，既未导致大规模动荡从而使秩序上升为第一位的需求，也具有足够的冲击力和影响力能够激活政治改革潜能，政治改革成为焦点性问题。这时，政治家的清醒、政治家的远见、政治家的决断、政治家对时局的掌控及因势利导的政治艺术就上升为能否成功进行政治改革的首要因素。这样的机会千载难逢，一旦失去，就再难拥有。

一旦特定事件带来政治改革的突破性转折，各方面的改革潜能得到激活并获得空间，则推动治理转型持续进行的动力似乎并不是问题，来自于党内改革派的、公民社会的、私营企业主阶层和中产阶级的，以及维权运动的动力非常强大；斯时，也许不是为政治改革缺乏推动力而发愁，而是为避免改革的激进化、如何建设性转化和引导这些动力而担忧。

7.4.2 治理转型的战略

治理转型的战略首先基于治理转型的不同阶段。在第一阶段，治理转型的战略以实现充分的改革动员、凝聚力量实现制度突破作为战略重点；在第二阶段，以抑制激进变革势力，维持治理变革渐进、有序、彻底的进行，巩固新的治理结构为重点。择其要者有如下建议。

(1) 改革动员

第一，充分反省特定事件的政治内涵，把握契机，壮大政治改革力量阵营，强化政治改革话语，促进政治议事日程的有利变化；第二，凝聚党内外改革力量，突破制度障碍；第三，如果在破旧立新之间有过渡状态，则在过渡时期，推动基本政治共识的形成，建构新的制度框架；第四，通过立法将基本的政治共识制度化，在技术上，为避免宪法文本冲突以及可能的频繁修改，并为未来的发展预留空间，可在正式宪法之后附设适用于治理转型时期的宪法特别条款或特别法，并在一定期限(如 30 年或 50 年) 内宪法特别条款或特别法的效力优先；第五，形成较为系统的治理转型战略，以指导治理转型期的政治实践。

(2) 基本战略转变和体制重构

改变片面地注重经济社会发展，将治理变革技术化、边缘化的状态，以宪政建设为中心带动和促进经济社会领域改革的彻底化和持续发展；改变治理变革的整体思路，实现由“两极治理结构”向“三极治理结构”的转变；政党实现由“全能型政党”向“功能型政党”的转变；摆脱强化权力、控制权利的稳定思路，树立权力—权力、权力—权利、权利—权利制度化博弈与整合的现代治理思路，以彻底地根本性改造权力—权力、权力—权利、权利—权利的制度性关系为治理变革的主线。

根本改变权力—权力关系。创建覆盖全国所有层次、所有领域、所有组织的“宪政委员会”，逐步将党的权力重心向“宪政委员会”转移（一定时期内可以合二为一），同时直接领导转变为间接领导，行政控制性的领导转变为以法律为中介的政治领导；彻底解决以党代政、代民议政，党是一级政府、一级议会的体制性问题，还行政权于政府，还代议权于人大；宪政委员会实行委员会制，享有以宪法和法律赋予的教化、监督、审查和裁决权，政府实行首长制，享有完整的行政权，人大具有完整的代议权；所有法律法规必须交由宪政委员会统一审查、备案；逐步实现乡镇自治，虚省实县撤市，简化行政层级，村（居）民自治、乡镇自治的指导权由政府转向宪政委员会；实行中央—地方法律分权，由宪政委员会负责裁决中央—地方纠纷、地方与地方的纠纷；检察院、法院作为司法机构在（省级以上）宪政委员会指导下依法独立开展工作，宪法性问题由宪政委员会负责，一般的刑事、民事和行政案件由司法机构独立负责，检、法两院在财政、人事上独立于地方政府、地方人大，亦不再按行政区划设置；电视台、报纸、网络等媒体由各级宪政委员会依法监管；军队、武警等由宪政委员会实行政治和法律控制；逐步推进宪政委员会、军队、武警、司法机构、文官队伍的政治中立（而不是价值中立），只效忠于宪法及其体现的宪法精神。

根本改变权利—权力的关系。逐步落实宪法赋予的言论、组织等基本政治权利，以法律控制取代行政控制；在宪政委员会监督下，由低到高，逐步实现政府主要负责人与人民代表的直接选举，扩大民意对政府及人大的控制，特别是对地方政府与人大的控制；政府与人大的转变反过来对宪政委员会是否依法行使职权形成“倒逼”，对其权力的规范行使形成外在压力。

根本改变权利—权利关系，改变权利失衡和权利贫困的现状，促进权利的均衡发育和健康重组。

在宪政委员会的依法监督下，从思想上、战略上、制度上和管理上真正推动公民社会的健康发育，为建立成熟的宪政，为建立有效有限的政府，为多元主体合作提供公共物品奠定坚实的社会基础；以宪政制度建设为突破点，在较短时期内形成一个基本的宪政制度框架，为彻底解决权力—权力、权力—权利、权利—权利的关系确立一个制度基础；推动政府向公共服务型政府转变，改善政府提供公共物品的效益，逐步推动多元主体合作提供公共物品。

促进宪政委员会、政府、人大在价值—职能—组织—资源要素的分离和重组；促进普通公民组织与宪政委员会、政府、人大在价值—职能—组织—资源要素的分离和重组；促进村镇自治组织、社区自治组织与宪政委员会、政府、人大在价值—职能—组织—资源要素的分离和重组；在上述要素分离和重组基础之上，完成体制的重建。

(3) 保持治理变革过程的整体性掌控

对于中国这样一个国情复杂的大国而言，保持治理变革进程的整体性掌控，避免出现分裂或大的社会动荡至关重要。宁可发展的速度慢一些，也要保持治理变革进程的整体秩序性。

弘扬和贯彻理性、合作性、建设性。积极培育和促进有利于治理变革持续、健康进行的良好社会氛围，在认知上强调理性，在态度上强调合作性，在行为上强调建设性，为治理变革进程的良性有序创造条件和氛围。

常规性行动与非常规性行动。治理变革是一项艰巨而波澜壮阔的事业，必须将常规性的教化、引导、制度建设和适当的社会动员有机结合起来。非制度建设难以有未来，非强有力的运动难以摧毁盘根错节的既得利益结构；社会动员是为了集中火力清除改革和发展的巨大障碍，为制度建设开辟空间，制度建设是为了承接社会动员的目的和理想。现阶段，已经形成较为强大的既得利益集团并顽固地阻碍着改革的深入，不进行社会动员难以通过常规的方式扫除障碍；30 多年过去，形势和格局已经发生了根本变化，那种杯弓蛇影、谈运动色变者实际上属于刻舟求剑、食古不化。

过程性社会博弈与协调引导。在变革方式上，实行高层政治精英推动与底层维权政治推动，上下结合的方式。通过权利的逐步落实，推动维权政治和政治参与的发展，推动不同社会力量之间社会博弈的显性化；通过宪政委员会教化、监督、审查和裁决等职能的行使，引导不同社会力量之间社会博弈逐步走向制度化博弈的良性循环轨道，使非制度化的生存转变为制度化生存，使非制度化的竞争合作转变为制度化的竞争合作，最终，使围绕权力—权力、权力—权利、权利—权利的博弈走上制度化轨道。

(4) 政党重新定位和逐渐转型

政党在治理结构中的重新定位。为实现政党利益最大化和社会产出最大化的均衡，中国共产党必须在新形势下重新定位自己在治理结构中的位置；将权力重心转向宪政委员会，以维护“宪统”、推动宪政发展、维护宪政秩序作为核心价值，以协调权力—权力、权力—权利、权利—权利在运行中的冲突和纠纷为基本职能。

中国共产党的逐渐转型。在改革动员和突破时期，可以实行重新登记等政党重组举动，此举虽然有一定阻力①，但是有利于处理历史遗留问题，也有利于价值、职能、组织、作风的彻底转变；按照“新道统”的基本精神重塑党的意识形态、党内文化、党的作风；按照党的新政治定位改造党的组织人事体系；在一段时期内为确立新的权力重心，实现党委和宪政委合二为一，此后逐渐分离；在一段时期内，人大代表、政府官员的选举保证一定的党员比例，此后逐渐下降，直至不作比例控制；在治理转型时期，坚持以政治改革为核心的三位一体政治战略，即不放弃政治控制和政治吸纳的策略，但两者仅仅是辅助性的，政治改革才是中心。

适当处理历史遗留问题。在新体制确立之后，在适当时机成立“历史问题特别委员会”，专司处理历史问题。“适当”不仅指更为开明、更为人道的态度对待历史问题，也指不能将历史问题泛化、扩大化，乃至影响渐进政治变革。

培育现代治理能力。在治理转型时期，积极培育现代治理能力，这是因为，一方面，直接领导转变为间接领导，行政控制性的领导转变为以法律为中介的政治领导，对相应的能力、技巧和艺术提出了新的要求；另一方面，政府、人大逐渐享有完整的行政权和代议权，更逐渐具备充分的民意基础，这增加了制约“宪政委员会”的资本，如果政党不具有现代治理能力，仅凭法律规定、组织依托难以保证其实际政治影响力。可以说，治理转型时期不仅是宪政的过渡期，也是政党转型、重建的缓

---

① 但并非根本行不通，前已述及，绝大多数党员早已摆脱僵化的刚性意识形态的约束，实用主义是普遍心态，这种心态对长远的意识形态重建颇为不利，对“重新登记”等政党重组举措却不构成实质性障碍。

冲期和考验期，如果在此时期不完成传统政党向现代政党的转型，则不仅不利于治理转型，也难逃被淘汰的命运。

7.4.3 治理转型的过程

治理转型时期是传统治理因素逐步衰退、现代治理因素逐步成长的过程，也是一个多进程并进、相互交织的过程。不能指望超越时代“内圣外王”的伟人引导，无法预期政党超越现实的羁绊转而成为真理的象征、正义的发源地，也不必希望公民社会、中产阶级忽然成为建设性、理性兼具的强大积极力量，更不必寄希望于民族政治成熟的迅速实现……一切都需要时间，需要潜移默化（而不是强行灌输和控制），需要渐进的和风细雨（而不是狂风暴雨），需要一个过程。

行政组织性控制向宪政协调的逐渐演化。虽然在改革之初就确立了宪政委员会的政治、法律地位，并且要求以“间接领导取代直接领导”，“以法律为中介的政治协调取代行政控制性领导”，但具体的取代则体现为一个渐进和此消彼长的过程。期望短时期内完全实现行政组织性控制向宪政协调的过渡，是不现实的。

传统权谋政治向现代规则政治的逐渐演化。权谋政治在中国具有悠久的传统，既有制度依托也有深厚的文化根基，即使制度框架改变了，其传统也会顽强地附着在新制度框架上以新的面目出现，期望几千年形成的权谋传统以及权谋人格在短期内彻底改善是很困难的。可以预期，即使在新的宪政制度较为巩固的时候，宪政治理运行的过程也会比其他西方宪政国家具有更多的权谋色彩，只是这种权谋色彩已经不能危及宪政制度框架而已。在过渡时期，不在于消除这种权谋政治，而在于努力使其不是颠覆宪政制度框架和宪政制度规则，而是受到宪政制度框架和宪政制度规则制约，没有规则和底线的游戏演变为以明确的宪政制度框架和宪政制度规则为约束的游戏，因而更有稳定性和可预期性。

非理性的暴力文化向理性、建设性、合作性的政治文化逐渐演化。治理转型时期一个重大的任务就是彻底清算这种政治文化，逐渐形成开放、理性、和平、合作、妥协、建设性的政治文化。

“编户齐民”的地方控制和社会控制向地方自治和公民社会的逐渐演化。传统中国的一个特征就是政府不断强化对地方和社会的行政性控制，在传统中国由于技术限制无法深入，1949年以后则借助现代组织手段和技术手段彻底地实现了“编户齐民”“利出一孔”的传统理想，行政控制贯穿全过程。改革开放以来，虽然大有缓解，但是行政控制性机制并未根本改变且有随社会矛盾的凸显而有强化的趋势。治理的转型必然要求地方自治和公民社会的逐渐扩展，并以宪政控制取代传统的行政控制。随着地方自治和公民社会的发展，新的公民习俗逐渐形成，并成为宪政运行的坚实基础。

与现阶段的现代治理因素的成长是对现行行政控制性秩序的威胁相反，一旦宪政治理的新框架确立，现代治理因素的成长是对宪政治理形式的充实和巩固，必将使宪政治理形式的运行更加健康和规范。

7.4.4 治理转型的终点

道统、政统和民统的磨合。在治理转型阶段基本结束时，新“道统”的地位基本确立，“以道驭势”的传统理想借助宪政结构得以实现，在“道统”范化和约束下的“政统”“民统”实现有序的良性互动，冲突和矛盾也通过社会运动体制化、政治纠纷司法化得以和平有序的解决，以权利为基础的社会创造力和活力得到保证，以权利为基础的社会秩序也得到较好的保障。在道统、政统、民统的良性互动中基本实现了自由与秩序的统一、竞争与合作的统一，民众创造力和活力更多被引导到人与自然的关系上，而不是人与人无休止的冲突、内耗上去。

宪统、官统、议统的磨合。在治理转型阶段基本结束之时，新政统的三个基本组成部分也得到有效磨合，新的宪统已经确立其相对于官统、议统的权威地位，宪统、官统、议统各自形成独特而有互补的核心价值和运作逻辑，相互制约也相互合作，共同形成运转协调而有活力的公共秩序。

道统、政统与民统的磨合、政统内部宪统、官统与议统的磨合标志着治理转型的基本完成，但在治理转型基本完成之时并非万事大吉。有些方面会有根本性改变，例如，组织控制和宪政控制将实现重心转换，权谋政治与规则政治将实现重心转换，公民政治文化与臣民政治文化将实现重心转换，集体非理性压倒集体理性的局面会有根本性改变，等等。而有些方面仍将在更长时期内存在，例如庇护与被庇护的文化，在价值排序上个体的安全和发展比权利和尊严更加重要，等等。不能简单论说好或坏，只是对这些方面的改变一种更为悲观的逾期。

小　结

本章提出了宪政发展与政党转型兼顾的“三极互动治理”模式，并具体阐述了功能型政党在治理转型过程中以及在未来公共治理结构中的价值和职能定位。然后，就现阶段的“官—民”两极治理模式如何向三极治理模式过渡和转换提出了自己的建议。

困境、重构与突破：中国治理转型的模式研究

第8章　结　论

三极互动模式是一个比较系统的治理转型理论构想。与目前其他的理论构想相比较：它在民意合法性基础之外提出了“道统合法性”，它在全能政治模式与西方民主政治模式之外提出了“三极互动”的中国治理模式，在列宁式政党与西方式政党之外提出了“功能型政党”的转型新路；但是，不容否认，由于时间也由于作者自身的学养不足，它在某些方面的学术处理比较粗糙。

“三极互动模式”仅仅是一个理论构想。它可能是有理论价值的，但并不能取代和排斥其他的理论构想，最多与其他理论构想相互补充、相互启发，一起为中国渐进、有序、彻底的治理转型提供思想支撑；思想的作用是有限的，它可能对于政治实践上的运作起到一定启发甚至指导作用，但它不是政治纲领，不是政治战略和政策，更不是政治行为。

由于笔者学术思想水平的局限，本项研究也存在一些让人遗憾的不足之处。

第一，作为一项创新性研究，容易出现难以预料的盲点和漏洞，包括可能的判断失误、思维认知的缺陷以及逻辑推理的纰漏。在形式上，全书结构安排和行文也有诸多不尽如人意之处。

第二，与择定的研究主题相比，知识和思想积累仍然存在很大不足，因此对有些地方的把握仍然不够透彻，个别地方有捉襟见肘的局促感。

第三，对国外学术界对中国治理转型的研究在文献把握上仍然觉得比较粗糙。

第四，由于本书是一项前瞻性的战略研究，所以更多讨论潜在的问题和矛盾，更加重视不利因素，所以很多地方难免对于取得的成绩论述不足，致使行文显得有些灰色。

至此，本项研究暂告一段落，沿着本书的思路继续前进，则以下问题有待进一步的探讨。

第一，中国共产党如何实现由“全能型政党”向“功能型政党”的现代转变？这对党的意识形态创新、组织创新、党内文化创新提出了什么样的要求和挑战？

第二，如何使来自社会底层的治理转型动力与来自社会高层的治理转型动力形成共识和合力？如何妥善处理一些重大的历史遗留问题？

第三，这种治理转型模式对中国共产党的现代治理能力提出了什么挑战或要求？如何培育和加强这种现代治理能力？

如果本项研究能够成为同行继续研究的一块铺路石，或者对其他研究者有所启发，那么此项研究的目的就达到了。

参考文献

[1] 燕继荣. 治民·治政·治党：中国政治发展战略解析［J］. 北京行政学院学报，2006（1）：15-20.

[2] 俞可平，等. 中国公民社会的制度环境［M］. 北京：北京大学出版社，2006.

[3] 何增科主编. 公民社会与第三部门［M］. 北京：社会科学文献出版社，2000.

[4] 袁岳. 新公道：公共管理新视野［M］. 北京：北京大学出版社，2005.

[5] 萧功秦. 软政权与分利集团化：现代化的两重陷阱［J］. 战略与管理，1994（2）.

[6] 陆学艺. 当代中国社会阶层研究报告［M］. 北京：社会科学文献出版社，2002.

[7] 中央统战部. 关于巩固和壮大新世纪新阶段统一战线的意见. 2006-07-24.

[8] 孙立平. 权利失衡、两极社会与合作主义的宪政体制［C］//中国（海南）改革发展研究院. 建设公共服务型政府. 北京：中国经济出版社. 2004：208.

[9] 郑永年. 人本社会主义、政治转型及其党的执政能力［C］//中国（海南）改革发展研究院. 政府转型：中国改革下一步. 北京：中国经济出版社，2004：238-251.

[10] 阎云翔. 私人生活的变革：一个中国村庄里的爱情、家庭与亲密关系：1949-1999［M］. 上海：上海书店出版社，2006.

[11] 萧功秦. 中国大转型：从发展政治学看中国变革［M］. 北京：新星出版社，2008.

[12] 李泽厚，刘再复. 告别革命［M］. 香港：天地图书，2001.

[13] 萧功秦，中国大转型：从发展政治学看中国变革［M］. 北京：新星出版社，2008：92-109.

[14] 王贵秀. 中国政治体制改革之路［M］. 郑州：河南人民出版社，2004：32.

[15] R. Rhodes. The new governance：governing without government［J］. Political Studies，1996（44）：652.

[16] 格里·斯托克.《作为理论的治理：五个论点》［C］//《治理与善治》. 北京：社会科学文献出版社，2000：31-36.

[17] KEES VAN KERSBERGEN, FRANS VAN WAARDEN. "Governance" as a bridge between disciplines: Cross-disciplinary inspiration regarding shifts in governance and problems of governability, accountability and legitimacy [J]. 2004, European Journal of Political Research 43, 2: 143-171.
[18] 俞可平. 治理与善治引论 [J]. 马克思主义与现实, 1999 (5): 37-41.
[19] 毛寿龙. 现代治道与治道变革 [J]. 江苏行政学院学报, 2003 (2): 86-92.
[20] 萧功秦. 从转型政治学看中国三十年变革 [J]. 探索与争鸣, 2008 (5): 4-11.
[21] 俞可平. 增量民主: 中国特色的政治模式 [J]. 上海教育, 2008 (15): 61-62.
[22] 桑玉成, 袁峰. 世纪之交的中国政治发展 [J]. 政治学研究, 1998 (3): 7-10.
[23] 申巧红, 张孝文. 论中国的梯度政治 [J]. 甘肃理论学刊, 2003 (4): 9-13.
[24] 胡伟. 党内民主与政治发展: 开发中国民主化的体制内资源 [J]. 复旦学报: 社会科学版, 1999, (1): 1-11.
[25] 刘军宁. 民主、共和、宪政 [M]. 上海: 上海三联书店, 1998.
[26] 俞可平. 增量民主与善治: 转变中的中国政治 [M]. 北京: 社会科学文献出版社, 2003: 148-165.
[27] 潘维. 法治与未来中国政体 [J]. 战略与管理, 1999 年第 5 期.
[28] 胡鞍钢, 王绍光、周建明主编. 第二次转型: 国家制度建设 [M]. 北京: 清华大学出版社, 2003.
[29] 康晓光, 合作主义国家: 自由主义、社会主义之外的第三条道路 [EB/OL]. http: www. tecn. cn/data/detail. php? id=11511.
[30] 季卫东. 当今中国宪政发展的阻力与助力: 以强制拆迁和刑罚权为线索. 2007 年 4 月 25 日在中国政法大学系列高级论坛"宪政的中国趋势"演讲.
[31] 佟德志. 法治民主: 近年来中国学术界关于政治体制改革方向的探讨 [J]. 文史哲, 2005, (2): 162-166.
[32] 季卫东. 中国: 通过法治迈向民主 [J]. 战略与管理, 1998, (4): 1-10.
[33] 周天勇等. 中国政治体制改革 [M]. 北京: 中国水利水电出版社, 2004.
[34] 蒋庆. 政治儒学: 当代儒学的转向、特质与发展 [M]. 北京: 生活·读书·新知三联书店, 2003.
[35] 申明民. 政治转变中的中国共产党 [EB/OL]. http: //www. lunwentianxia. com/product. free. 3638571. 4/.
[36] 张鹏飞. 党的领导方式转变和权威重构 [C] //徐湘林. 渐进政治改革中的政党、政府与社会. 北京: 中信出版社, 2009: 73-85.
[37] 谢岳. 完善人大制度: 中国政治体制改革的当务之急 [J]. 学术月刊, 2005,

(6)：43-48、57.

[38] 胡伟．中国共产党执政方式的转变：逻辑与选择［J］．浙江社会科学 2005，(2)：3-8.

[39] 朱光磊，周振超．党政关系规范化研究［J］．政治学研究 2004，(3)：51-57.

[40] 刘军宁．中国政治体制改革：党内民主，抑或宪政民主［EB/OL］．http：//www．bjsjs．net/news/news．php·intNewsId＝946.

[41] Merle Goldman. From Comrade to Citizen：The Struggle for Political Rights in China. Cambridge：Harvard University Press，2005.

[42] Merle Goldman. Political Rights in Post-Mao China，Ann Arbor：Association for Asian Studies，Inc.，2007.

[43] Merle Goldman，WHAT' S IN STORE FOR CHINA，Journal of Democracy；Jan 2005，16 (1)：168-171.

[44] Holdaway，Jennifer. China' s dissenters，Dissent；Winter 1997；44，1；pp. 17-21.

[45] Yongnian Zheng. Political incrementalism：Political lessons from China's 20 years of reform，Third World Quarterly；Dec 1999；20，6；1157-1177.

[46] Joseph Fewsmith. China since Tiananmen：From Deng Xiaoping to Hu Jintao［M］. Cambridge University Press. 2008.

[47] Rebecca R Moore，China' s fledgling civil society：A force for democratization［J］. World Policy Journal，2001 (18)：56-66.

[48] Chen Xi. An authoritarian state and a contentious society：The case of China，Dissertation Abstracts International，Volume：66-09，Section：A，page：34-39.；Sponsors：Thomas Bernstein；Andrew Nathan. Columbia University，2005.

[49] Kellee S Tsai. Capitalism Without Democracy：The Private Sector in Contemporary China［M］，Cornell University Press，2007.

[50] Bruce J Dickson. Red Capitalists in China：The Party，Private Entrepreneurs，and Prospects for Political Change［M］. Cambridge University Press，2003.

[51] James Mann. The China Fantasy：Why Capitalism Will Not Bring Democracy to China Penguin，2008.

[52] Lily L Tsai，Accountability Without Democracy：Solidary Groups and Public Goods Provision in Rural China［M］. Cambridge University Press，2007. .

[53] Minxin Pei，The Dark Side of China's Rise，Foreign Policy；Mar/Apr 2006；153；pp. 32-41.

[54] OECD. 中国治理［M］．北京：清华大学出版社，2007.

[55] Gordon G Chang. The Coming Collapse of China［M］. Random House，2001.

[56] James Mann. The China Fantasy：Why Capitalism Will Not Bring Democracy to

China· Penguin, 2008.
[57] Minxin Pei. China' s Governance Crisis, Foreign Affairs. New York: Sep/Oct 2002. Vol. 81, Iss. 5.
[58] China' s Trapped Transition: The Limits of Developmental Autocracy [M]. Minxin Pei Harvard University Press, 2006.
[59] Bruce Gilley China' s Democratic Future: How It Will Happen and Where It Will Lead [M]. New York: Columbia University Press, 2004.
[60] Henry S Rowen. The Short March: China' s Road to Democracy National Interest 45 (Fall 1996), pp. 61-70.
[61] Dali L Yang, CHINA's Long March to Freedom[J]. Journal of Democracy Volume 18, Number 3 July 2007: 58-65.
[62] John L Thornton. "Long Time Coming: The Prospects for Democracy in China," Foreign Affairs (January/February 2008), pp. 2-22.
[63] Andrew J. Nathan, "China' s Political Trajectory: What Are the Chinese Saying" in Cheng Li, ed., China' s Changing Political Landscape: Prospects for Democracy, Washington, D. C.: Brookings Institution Press, 2008, pp. 25-43.
[64] David Shambaugh, China' s Communist Party: Atrophy and Adaptation, Berkeley, Washington: University of California Press; Woodrow Wilson Center Press, 2007.
[65] David Shambaugh. China' s Propaganda System: Institutions, Processes and Efficacy [online]. China Journal, The; Issue 57; Jan 2007; 25-58.
[66] 何增科. 中国政治体制改革研究 [M]. 北京: 中央编译出版社, 2004: 45-70.
[67] 何增科. 政治文明、政治发展与政治改革 [C] //中国政治体制改革研究. 北京: 中央编译出版社, 2004: 69-70.
[68] 俞可平. 治理与善治 [M]. 北京: 社会科学文献出版社, 2000.
[69] 詹姆斯·罗西瑙. 没有政府的治理 [M]. 南昌: 江西人民出版社, 2001.
[70] Jude Howell. governance in china [M]. Lanham: Rowman&Littlefield, 2003.
[71] 聂平平, 王章华. 公共治理的基本逻辑与有限性分析 [J]. 江西社会科学, 2006 (12): 186-187.
[72] 曹任何. 治理的兴起与政府合法性重建 [D]. 长春: 吉林大学, 2004.
[73] 汪向阳, 胡春阳. "治理: 当代公共管理理论的新热点" [J]. 复旦学报: 社会科学版, 2000 (4): 138-139.
[74] 吴志成. 治理创新: 欧洲治理的历史、理论与实践 [M]. 天津: 天津人民出版社, 2003.
[75] 埃莉诺·奥斯特罗姆. 公共事物的治理之道 [M]. 上海: 上海三联书店, 2000.

[76] 鲍勃·杰索普. 治理的兴起及其失败的风险：以经济发展为例的论述［C］// 治理与善治. 北京：社会科学文献出版社，2000：52-85.

[77] 辛西娅·休伊特，德·阿尔卡塔拉. “治理”概念的运用与滥用［C］//俞可平. 治理与善治. 北京：社会科学文献出版社，2000 ：19.

[78] 毛寿龙. 西方政府的治道变革［M］. 北京：中国人民大学出版社，1998.

[79] 戴维·奥斯本，特德·盖布勒. 改革政府：企业精神如何改革公营部门［M］. 上海：上海译文出版社，1996.

[80] 孔繁斌. 治理与善治制度移植：中国选择的逻辑［J］. 马克思主义与现实（双月刊），2003（3）：60-64.

[81] 托马斯·海贝勒. 中国是否可视为一种发展模式：七个假设［M］//俞可平，等. 中国模式与“北京共识”：超越“华盛顿共识”. 北京：社会科学文献出版社，2006：118.

[82] 智贤（刘军宁）. Govrernance：现代“治道”新概念［M］//市场逻辑与国家观念. 北京：生活·读书·新知三联书店，1995：55-57.

[83] 徐勇. 治理转型与竞争：合作主义［J］. 开放时代，2001（7）：26-33.

[84] 徐勇. Governance：治理的阐释［J］. 政治学研究，1997（1）.

[85] 俞可平. 治理和善治：一种新的政治分析框架［J］. 南京社会科学 2001（9）.

[86] 何增科. 治理、善治与中国政治发展［J］. 中共福建省委党校学报，2002（3）.

[87] 滕世华. 公共治理视角下的中国政府改革［D］. 北京：中共中央党校，2003 年 5 月.

[88] 滕世华. 公共治理理论及其引发的变革［J］. 北京：国家行政学院学报，2003（1）：44-45.

[89] 滕世华. 全球治理进程中的政府改革［J］. 济南：当代世界社会主义问题，2002（2）：76-89.

[90] 滕世华. 公共治理视野中的公共物品供给［J］. 中国行政管理 2004（7）.

[91] 曹任何. 治理的兴起与政府合法性重建［D］. 长春：吉林大学，2004.

[92] 王飚. 治理视角下的地方政府主导性研究：以苏州为个案［D］. 苏州：苏州大学，2006.

[93] 柳春慈. 治理理论视角下的乡镇政府职能研究［D］. 北京：中央民族大学，2007.

[94] 杨咏梅. 从管治到善治：基于治理理论的高校学生管理模式创新研究［D］. 上海：华东师范大学，2006.

[95] 杨占营. 治理理论、新公共管理与中国治道变革［J］. 探索，2003（3）：37-41.

[96] 张璋. 政府治理工具的选择与创新：新公共管理理论的主张及启示［J］. 新

视野，2001（5）：39-41.

[97] 沈荣华，周义程. 善治理论与我国政府改革的有限性导向［J］. 理论探讨，2003（5）：5-9.

[98] 林修果，林婷. 公共治理：建构和谐社会的一种行政学范式读解［J］. 马克思主义与现实（双月刊），2005（5）.

[99] 薛立强，李晨. 当代中国社会矛盾的变化与公共治理革新［J］. 云南行政学院学报，2007（1）：106-109.

[100] 周义程. 公共服务供给主体选择的悖论及其消解策略［J］. 行政与法，2005（11）：22-24.

[101] 郁建兴. 治理理论的现代性与后现代性［J］. 浙江大学学报：人文社会科学版，33（2）：5-13.

[102] 郁建兴，吕明再. 治理：国家与市民社会关系理论的再出发［J］. 求是学刊，2003，30（4）.

[103] 孔繁斌. 政治学知识的转向：治理理论与公共管理［J］. 南京社会科学，2001（9）：54-56.

[104] 孔繁斌. 治理对话统治：一个政治发展范式的阐释［J］. 南京社会科学，2005（11）：62-63.

[105] 唐娟. 政府治理论：公共物品供给模式及其变迁考察［M］. 北京：中国社会科学出版社，2006.

[106] 曹任何. 治理的兴起与政府合法性重建［D］. 长春：吉林大学，2004，

[107] 刘银喜. 政府治理理论的兴起及其中国化［J］. 内蒙古大学学报：人文社会科学版，2004，36（4）：66-69.

[108] 俞可平. 中国治理评估框架［J］. 经济社会体制比较，2008（6）：1-9.

[109] 胡鞍钢. 推动政府变革 实现国家良治［M］//OECD. 中国治理. 北京：清华大学出版社，2007.

[110] 秦晖. 从传统民间公益组织到现代“第三部门”：中西公益事业史比较的若干问题［C］//传统十论. 上海：复旦大学出版社，2003：160-161.

[111] 陆学艺. 菱形社会阶层分化［EB/OL］. http：//news. xinhuanet. com/globe/2007-03/16/content-5855389. htm. 2007-03-16.

[112] 孙立平. 权利失衡、两极社会与合作主义宪政体制［J］. 战略与管理，2004（1）：2.

[113] 陆学艺. 当代中国社会阶层研究报告［M］. 北京：社会科学文献出版社，2000.

[114] 曾峻. 公共秩序的制度安排：国家与社会关系的框架及其运用［M］. 上海：学林出版社，2005.

[115] 邓正来. 市民社会理论的研究：序〈国家与市民社会〉［J］. 中国书评，

1995（7）.
[116] 袁后边．新公道：公共管理新视野［M］．北京：北京大学出版社，2005.
[117] 康晓光，韩恒．分类控制：当前中国大陆国家与社会关系研究［J］．社会学研究，2005（6）：73-89.
[118] 赵世义，刘连泰，刘 义．现行宪法文本的缺失言说［J］．法制与社会发展 2003（3）：57-62.
[119] 张浩．论完善我国的权力制约［A］．法理学论丛［M］．北京：法律出版社，1998.
[120] 李梅，毛寿龙．当代中国立宪政府的发展与挑战［J］．江苏行政学院学报，2002（1）：91-98.
[121] 王邦佐，谢岳．政党推动：中国政治体制改革的演展逻辑［J］．政治与法律 2001（3）：5-7.
[122] 黄卫平，陈文．民间政治参与体制吸纳的互动：对深圳市公民自发政治参与三个案例的解读［M］//中国现实问题研究前沿报告．上海：华东师范大学出版社，2007：54-64.
[123] 王力雄．中国社会底层的"毛泽东情结"与潜动［J］．当代中国研究，2004（3）.
[124] 陶东明，陈明明．当代中国政治参与［M］．杭州：浙江人民出版社，1998.
[125] 赵鼎新．西方社会运动与革命理论发展之述评：站在中国的角度思考［J］．社会学研究，2005（1）.
[126] 王亚南．中国官僚政治研究［M］．北京：中国社会科学出版社，1981.
[127] 费孝通．乡土中国［M］．上海：上海人民出版社，2006.
[128] 秦晖．传统十论［M］．上海：复旦大学出版社，2003.
[129] 王学泰．游民文化与中国社会（增修版）［M］．北京：同心出版社，2007.
[130] 吴思．血酬定律：中国历史中的生存游戏［M］．北京：中国工人出版社，2003.
[131] 李泽厚．中国现代思想史论［M］．天津：天津社会科学院出版社，2003.
[132] 赵鼎新．社会与政治运动讲义［M］．北京：社会科学文献出版社，2006.
[133] 杨光斌．公民参与和当下中国的治道变革［J］．社会科学研究，2009（1）.
[134] 杨雪冬．论作为公共品的秩序［J］．中国人民大学学报 2005（6）：79.
[135] 孙立平．转型与断裂：改革以来中国社会结构的变迁［M］．北京：清华大学出版社，2004.
[136] 李培林．中国新时期阶级阶层报告［M］．沈阳：辽宁人民出版社，1995.
[137] 朱光磊．政治学概要［M］．天津：天津人民出版社，2001.
[138] 贾西津．行政改革与公共治理结构变革的战略思考［J］．社会，2004（4）：11-12.

[139] 亨利·M. 罗伯特. 议事规则 [M]. 北京：商务印书馆，1995.

[140] 杨雪冬. 论治理的制度基础 [J]. 天津社会科学，2002 (2)：46.

[141] 谢庆奎主编. 当代中国政府与政治 [M]. 北京：高等教育出版社，2003.

[142] 贺雪峰. 乡村的前途：新农村建设与中国道路 [M]. 济南：山东人民出版社，2007.

[143] 郑永年. 人本社会主义、政治转型及其党的执政能力 [C] //中国（海南）改革发展研究院. 政府转型：中国改革下一步. 北京：中国经济出版社，2004：238-251.

[144] 潘维. 论现代社会的核心价值体系 [J]. 理论参考，2007 (3)：46-50.

[145] 赵汀阳. 智慧复兴的中国机会 [C] //学问中国. 南昌：江西教育出版社，1998：1-48.

[146] 耿国阶. 高校公共政治课教学：困境与变革 [J]. 当代中国研究，2005 (2).

[147] 邓小平. 邓小平文选（1975—1982年）[M]. 北京：人民出版社，1983.

[148] 郑永年. 为什么中国要走人本社会主义道路？[J]. 开放导报，2005 (2)：18-22.

[149] 朱光磊. 当代中国政府过程 [M]. 天津：天津人民出版社，1997.

[150] 胡伟. 政府过程 [M]. 杭州：浙江人民出版社，1998.

[151] 邓小平. 邓小平文选第三卷 [M]. 1993.

[152] 中央文献研究室. 邓小平思想年谱 [M]. 北京：中央文献出版社，1998.

[153] 谢庆奎主编. 当代中国政府与政治 [M]. 北京：高等教育出版社，2003.

[154] 陈家喜，邹永松. 十六大以来党内民主建设的实践与思考 [J]. 理论探讨 2005 (5)：138-141.

[155] 王勇兵. 四川省平昌县乡镇党委公推直选调查 [J]. 中国改革，2007 (10)：11-17.

[156] 萧功秦. 从政治发展角度看党内民主论 [C] //萧功秦. 中国大转型：从发展政治学看中国变革. 北京：新星出版社，2008：204-219.

[157] 江泽民. 论“三个代表”[M]. 北京：中央文献出版社，2001.

[158] 中央文献研究室. 邓小平思想年谱 [M]. 北京：中央文献出版社，1998：354，173.

[159] 谢志平. 我国改革开放以来的行政发展论析 [J]. 四川行政学院学报，2006 (6)：27.

[160] 毛寿龙. 中国政府体制改革的过去与未来 [EB/OL]. http：//www. wiapp. org/wpapers/wpaper200312. html.

[161] 孙浩然. 全球化背景下的行政改革 [M]. 济南：山东人民出版社，2006：8-37.

[162] 曾峻．近年来国内学术界对行政体制改革总体思路的研究［J］．上海行政学院学报，2007，8（3）：108-111．

[163] 贾西津．行政改革与公共治理结构变革的战略思考［J］．社会，2004（4）：11-12．

[164] 俞可平．中国治理变迁30年（1978—2008）［M］．北京：社会科学文献出版社，2008．

[165] H E Chehabi，J Linz．Sultanistic Regimes［M］．Baltimore and London：The Johns Hopkins University Press，1998：3-48．

[166] Zhaohui Hong．Mapping the Evolution and Transformation of the New Private Entrepreneurs in China，"Journal of Chinese Political Science 9（1）（Spring 2004）：32-45．

[167] Bruce Dickson，Marian Rost Rublee．"Membership Has its Privileges：The Socio-economic Characteristics of Communist Party Members in Urban China，" Comparative Political Studies 33（February 2000）：87-112．

[168] 潘修华．"论中国公民社会组织政治参与的建设问题"［J］．北京航空航天大学学报：社科版，2003（3）．

[169] 邹东涛．"华盛顿共识"、"北京共识"与中国独特的发展道路［M］//俞可平，等．中国模式与"北京共识"：超越"华盛顿共识"．北京：社会科学文献出版社，2006：418-419．

[170] ［美］贝尔．资本主义文化矛盾［M］．北京：生活·读书·新知三联书店，1989．

[171] 王南湜．从领域合一到领域分离［M］．太原：山西教育出版社，1998．

[172] ［英］梅因．古代法［M］．北京：商务印书馆，1959．

[173] 蔡定剑．中国社会转型时期的宪政发展［J］．华东政法学院学报，2006（4）：3-18．

[174] 郑永年．政治改革与中国国家建设［J］．战略与管理2001（2）：1-12．

[175] 王绍光，鞍钢．中国国家能力报告［M］．香港：牛津大学出版社，1994．

[176] 吴国光，郑永牟．论中央地方关系［M］．香港：牛津大学出版社，1994．

[177] 王力雄．我的西域，你的东土，http：//www．sciencenet．cn/upload/blog/file/2010/4/201042916546746972．pdf．p．14

[178] 吴国光，政治改革、政治镇压与政治吸纳：中国政治发展及其挑战［M］//裴敏欣，中南海的选择．新加坡：八方文化企业公司，2004：5-21

[179] 周建明，胡鞍钢，王绍光．和谐社会构建：欧洲的经验和中国的探索［M］．北京：清华大学出版社，2007．

[180] 贺雪峰．新农村建设和中国道路［J］．读书，2006（8）：92-99．

[181] 孙立平．断裂：20世纪90年代以来的中国社会［M］．北京：社会科学文献

出版社，2003.
[182] 失衡：断裂社会的运作逻辑［M］. 北京：社会科学文献出版社，2004.
[183] 博弈：断裂社会的利益冲突与和谐［M］. 北京：社会科学文献出版社，2006.
[184] 曹锦清. 黄河边上的中国［M］. 上海：上海文艺出版社，2000.
[185] 余英时. 现代儒学论［M］. 上海：上海人民出版社，1998.
[186] 杨国枢. 中国人的心理和行为：本土化研究［M］. 北京：中国人民大学出版社，2004.
[187] 邹至庄. 中国经济转型［M］. 北京：中国人民大学出版社，2005.
[188] 倪星. 政府合法性基础的现代转型与政绩追求［J］. 中山大学学报，2006（4）：81-87.
[189] 马宝成. 有效性：现代政治合法性的政绩基础［J］. 政治学研究 2002（5）.
[190] 虞维华、张洪根. 社会转型时期的合法性研究［M］. 合肥：中国科技大学出版社，2004.
[191] 龙太江、王邦佐. 经济增长与合法性的“政绩困局”：兼论中国的政治合法性基础［J］. 复旦学报，2005（3）.
[192] 杨雪冬. 论现代合法性及其实现［J］. 中国人民大学学报 2007（3）：93-104.
[193] [美]道格拉斯·C. 诺斯. 经济史中的结构与变迁［M］. 陈郁，等，译. 上海：上海三联书店，上海人民出版社，1994.
[194] [美]道格拉斯·C. 诺斯. 对政治和经济的历史发展的交易成本分析［C］//埃瑞克·C·菲吕博顿、鲁道夫·瑞切特. 新制度经济学，孙经纬，译. 上海：上海财经大学出版社，1998.
[195] 陈文申. 试论国家在制度创新过程中的基本功能：“诺斯悖论”的理论逻辑解析［J］. 北京大学学报：哲学社会科学版. 2000（1）：35-45.
[196] 王力雄. 中国政治转型的困境，《递进民主：中国的第三条道路》引言和第一章.
[197] 塞缪尔·亨廷顿. 第三波：二十世纪末的民主化浪潮［M］. 上海：上海三联书店，1998：43.
[198] 周晓虹. 中国中产阶层调查［M］. 北京：社会科学文献出版社，2005：20.
[199] 强世功. 超越法学的视界［M］. 北京：北京大学出版社，2006：9.
[200] 蔡定剑. 中国选举状况报告［M］. 北京：法律出版社，2002.
[201] 余英时. 中国现代价值观念的变迁［C］//中国思想传统及其现代变迁. 桂林：广西师范大学出版社，2004：47
[202] 徐复观. 学术与政治之间［M］. 上海：华东师范大学出版社，2009.
[203] 徐复观. 儒家政治思想与民主自由人权［M］. 台北：台湾学生书局，1988.

[204] 完颜绍元．千秋教化［M］．福州：福建人民出版社，2004．
[205] 黄书光．中国社会教化的传统与变革［M］．济南：山东教育出版社．
[206] 张惠芬．古代中国教化史［M］．山西出版集团．山西教育出版社，2009
[207] 余英时．“君尊臣卑”下的君权与相权［C］//中国思想传统及其现代变迁．桂林：广西师范大学出版社，2004：331-332
[208] 黄光国．面子：中国人的权力游戏［M］．北京：中国人民大学出版社，2004．
[209] 李治安，杜家骥．中国古代官僚政治：古代行政管理及官僚病剖析［M］．北京：书目文献出版社，1993：115．
[210] 余英时．道统与政统之间：中国知识分子的原始形态［C］//内在超越之路：余英时新儒学论著提要．北京：中国广播电视出版社，1992．
[211] 马立诚．中国历朝改革变法实录：历史的拐点［M］．杭州：浙江人民出版社，2008．
[212] Elizabeth J Perry. Rebels and Revolutionaries in North China, 1845-1945［M］. 1980.
[213] 程映虹．塑造“新人”：苏联、中国和古巴共产党革命的比较研究［EB/OL］．http：//wenku．baidu．com/view/0dc755d7c1c708a1284a44a4．html
[214] 毛泽东．一九五七年夏季的形势［M］//建国以来毛泽东文稿：第6册．北京：中央文献出版社，2006：543．
[215] 张博树．当代中国社会中的政治性剧场行为［EB/OL］．http：//www．comment-cn．net/data/2006/0609/article-8168．html
[216] 徐大同．中西两种不同的政治思想体系，政治学研究［J］．2004（3）：29．
[217] 人和公民的权利宣言［Z］．
[218] Alexander Hamilton, James Madison and John Jay. The Federalist Papers［M］. New York: The New American Library, Inc., 1961: 321-322. 译文参考程逢如等三人中译本，联邦党人文集［M］．北京：商务印书馆，1980．
[219] 孟德斯鸠．论法的精神：上册［M］．北京：商务印书馆，1982．
[220] 秦树理．国外公民教育概览［M］．郑州：郑州大学出版社，2005；唐克军．比较公民教育［M］．北京：中国社会科学出版社，2008．
[221] Margaret Stirmmann Branson. The Role of Civic Education［M］. Associate Director Ceder fir Civic Education. 1998: 12.
[222] 白钢．现代西方民主刍议，书屋［J］．2004（1）：1-12．
[223] 萧功秦．中国激进宪政思潮的起源：从清末立宪之争看中国现代化的两难矛盾［EB/OL］．http：//www．china．com．cn/chinese/zhuanti/250786．htm
[224] 毛泽东．给彭德怀的信（1943年6月6日）［M］//毛泽东文集．北京：人民出版社，1996（3）：26．

[225] 牟宗三．政道与治道［M］．桂林：广西师范大学出版社．北京：生活·读书·新知三联书店，2006．

[226] 李泽厚．中国古代思想史论［M］．三联书店，2008：286．

[227] 邓小平．关于党政分开：在十二届七中全会预备会上讲话的一部分，一九八七年十月十四日．

[228] 陆学艺，等．2000年：中国社会形势分析与预测［M］．北京：社会科学文献出版社，2000．

困境、重构与突破：中国治理转型的模式研究

后　记

本书是在我的博士论文《中国治理变革的模式研究》基础之上修改完成的。

该文基本思路的形成和写作是一个由混乱无序到较为条理、由幼稚到较为成熟、由自相矛盾到较为自洽的一个过程。这对我的思想能力和学术能力都是一个严峻的挑战。正是在此过程中，我深刻地认识到学术的无止境和自身的学术弱点。

在此过程中，首先需要感谢的是我的导师孙萍教授。孙老师高度认真负责的态度，严谨的治学精神，给我整个论文的修改以很深的影响。本文的写作很大程度上就是不断回应导师批评，落实导师修改意见，反思导师评点的过程。

其次，需要感谢的是娄成武教授。娄老师渊博的学识，开阔的学术视野令我很敬佩，其做人做事做学问的水平更是我学习的榜样。

我还要感谢李兆友教授、李坚教授、刘武教授、魏淑艳教授、杜宝贵副教授，王颖、高洪成、高进、蒋龙祥，以及负责研究生教学的高青等老师，他们都对我的论文内容或格式的修改给予了很大帮助。

同时，感谢所有参考文献的作者，特别是俞可平、燕继荣、萧功秦、孙立平等作者。他们扎实而卓越的研究，是本文坚实的基础。

论文结束，限于学术水准，表达得并不够完美，但自己的思考已基本表达出来了。不敢说有什么创新，唯愿能够对其他研究者有所启发。无论如何，这都是我学术生涯中一段难忘的经历，或许也是我学术生涯的真正开始。

耿国阶

2014 年 4月于沈阳